BERLIN

CHRISTIAN ADAM

BERLIN
Eine kleine Geschichte

BeBra Verlag

Bibliografische Information der Deutschen Nationalbibliothek
Die Deutsche Nationalbibliothek verzeichnet diese Publikation
in der Deutschen Nationalbibliografie; detaillierte bibliografische
Daten sind im Internet über http://dnb.d-nb.de abrufbar.

© be.bra verlag, Medien und Verwaltungs GmbH, Berlin 2023
Asternplatz 3, 12203 Berlin
post@bebraverlag.de
Umschlag: Goscha Nowak, Berlin
Umschlagbild: Pariser Platz vor dem Brandenburger Tor.
Fotopostkarte, 1922, © akg-images
Satz: typegerecht berlin
Schriften: Stempel Garamond, DIN Next
Druck und Bindung: GGP Media GmbH, Pößneck
ISBN 978-3-8148-0266-4

www.bebraverlag.de

INHALT

STADT OHNE VERGLEICH

»Alles, was in Berlin geschah, war ohne Vergleich«, schrieb der Schriftsteller Carl Sternheim (1878–1942), nicht ohne einen gewissen Spott. »Fortgesetzt riss man erst Hingebautes ab, baute gewaltiger neu, baute in Erde und Luft. Errichtete Denkmäler reihen- und gruppenweise, demolierte, um größere Apotheosen hinzusetzen, verbrauchte atemlos, um mit gesteigerter Produktion nicht nur schnelleres Verbrauchen zu veranlassen, sondern weil das hysterisch geschraubte Hervorbringen auch einziges Mittel wurde, die bei solchem Gedeihen lustig emporwuchernden Massen zu beschäftigen.« Sternheim wollte vor allem die lebendige deutsche Hauptstadt nach 1900 beschreiben und konnte noch nicht ahnen, wie viel Zerstörung und gewaltigen Neubau »in Erde und Luft« sie nach ihm noch erleben sollte. Aus der beschaulichen mittelalterlichen Doppelstadt Berlin/Cölln wurde der Herrschaftssitz der Hohenzollern, später die Hauptstadt des Königreichs Preußen. Doch erst nach der Gründung des deutschen Kaiserreichs 1871 bekam die Stadt den Entwicklungsschub, der sie zu einer Metropole wachsen ließ. Die damals entstandenen Bilder, Mythen und Klischees prägen die Vorstellung von Berlin bis heute. Am nachhaltigsten aber tun dies vermutlich die Zwanzigerjahre, die von politischen Richtungskämpfen einerseits und einer höchst produktiven Phase des Kulturlebens andererseits gekennzeichnet waren.

Die radikalste Umgestaltung der Stadt und ihrer Bewohner allerdings erfolgte unter den Nationalsozialisten: Sie hegten Pläne, hier ihre Welthauptstadt »Germania« zu errichten, trieben Zehntausende Berliner Bürger ins Exil, ja sogar in den Tod, und hinterließen eine Stadt in Trümmern. Für viele ausländische Besucher ist Berlin schließlich immer noch die Mauerstadt, in der die Teilung der Welt in Ost und West in einem der absurdesten Bauwerke der Geschichte Gestalt angenommen hatte. Mit dem Fall des Eisernen Vorhangs im November 1989 fand hier zugleich der Kalte Krieg ein friedliches Ende: Die Menschen tanzten auf der Mauerkrone am Brandenburger Tor und begannen bald mit Hammer und Meißel den »antifaschistischen Schutzwall« abzutragen.

Das Immer-in-Bewegung-Bleiben ist vermutlich Berlins typischste Eigenschaft. Die Stadt behielt stets etwas Provisorisches, zu dem bis heute die durch Kriegszerstörung und Teilung entstandenen Baulücken und verkehrstechnischen Unzulänglichkeiten beitragen. Auch wenn man am Beginn der Neunzigerjahre des 20. Jahrhunderts angefangen hat, diese Wunden im Stadtbild zu schließen, und neue Stadtviertel wie das Areal rund um den Potsdamer Platz entstanden sind, wird es immer Nischen geben, in denen Neues entsteht, in denen der Neugierige ungewöhnliche Entdeckungen machen kann. Nicht zuletzt das macht die ungebrochene Faszination aus, die die Stadt für Besucher und Bewohner hat.

COLONIA AN DER SPREE
Die mittelalterliche Doppelstadt

Slawenherrschaft und Christianisierung

Das Urstromtal, in dem Berlin – so würde der Eingeborene sagen – »zu liegen gekommen ist«, entstand nach der letzten Eiszeit vor rund 20.000 Jahren durch das abfließende Schmelzwasser der Gletscher. Das Tal folgt in etwa dem Verlauf der Spree, es wird nördlich von der Hochfläche des Barnim und südlich von der des Teltow begrenzt.

Im Gegensatz zu späteren Jahrhunderten war der Berliner Raum in seiner Frühgeschichte äußerst dünn besiedelt. Nachdem zu Beginn der Völkerwanderung im 4. Jahrhundert n. Chr. die Einwohnerzahl stark zurückgegangen war, erschien die Region Mitte des 6. Jahrhunderts so gut wie menschenleer. Die germanischen Stämme, die über mehrere Jahrhunderte hier gesiedelt hatten, hinterließen ihren Nachfolgern, den Slawen, kaum mehr als die Flussnamen Spree und Havel. Zwei Stämme beherrschten die Region: die Heveller im Westen, mit ihrem Hauptort und Machtzentrum Brandenburg, und die Sprewanen im Osten, als deren Hauptort Köpenick galt. Beider Gebiete waren durch einen Waldgürtel getrennt, in dem auch der natürliche Spreeübergang im Urstromtal lag, in dessen Nähe später die Doppelstadt Berlin/Cölln entstehen sollte. Überbleibsel dieses grünen Niemandslandes sind heute noch der Tegeler Forst und der Grunewald.

Albrecht der Bär erobert die Burg Brandenburg (1150). Lithografie von Adolph Menzel, 1834

Eine der wichtigsten Siedlungen im Berliner Raum entstand jedoch zunächst weiter im Westen, an der Mündung der Spree in die Havel. Dies mag ein Grund dafür sein, dass die Bewohner Spandaus bis heute etwas von oben auf die benachbarten »Emporkömmlinge«, die Berliner, herabsehen: Bereits um 700 entstand hier eine erste Burg. Verkehrsgünstig gelegen, erlebte Spandau bald den Aufstieg zu einem frühstädtischen Zentrum mit überregionaler Bedeutung.

Im Osten des Landstrichs, im Herrschaftsbereich der Sprewanen, hatte sich Köpenick zum Hauptort entwickelt. Auf einer Insel in der Dahme stand hier seit etwa 700 n. Chr. eine Burganlage, in deren Umfeld ebenfalls ein – wenn auch bescheidenerer – wirtschaftlicher Aufschwung stattfand. Das Gebiet des Spreeübergangs diente beiden Stämmen vor allem als Jagdrevier. Darauf verweist heute die geläufigste Erklärung für die Herkunft des Namens Berlin: Er soll sich von der slawischen Wurzel *brl* ableiten, die soviel wie Sumpf oder Morast bedeutet.

Das Gebiet zwischen Elbe und Oder, zu dem auch Berlin zählt, war bis ins 10. Jahrhundert hinein überwiegend von slawischen Stämmen beherrscht. Ottonische Herrscher versuchten jedoch immer wieder, ihren Machtbereich nach Osten auszudehnen. Um die Mitte des 10. Jahrhunderts hatte Otto I. alle slawischen Stämme in Abhängigkeit vom deutschen Reich gebracht. Er errichtete zum Schutz seines Herrschaftsbereichs zwei Marken (Grenzländer); durch Teilung entstand später in dem Gebiet um Brandenburg die Nordmark. Allerdings wurde durch den Slawenaufstand 983 die Christianisierung und Expansionspolitik der deutschen Fürsten beendet, und die slawischen Bewohner sicherten sich für rund 200 Jahre ihre Selbstständigkeit.

Der Aufstieg der Askanier

Der wirtschaftliche Aufschwung nach der Jahrtausendwende erzeugte neues Expansionsstreben im Reich. Wieder gerieten die Gebiete östlich der Elbe in den Blick, zumal zu Beginn des 12. Jahrhunderts die in Brandenburg regierenden Hevellerfürsten geschwächt waren. Der deutsche Kaiser, Lothar III., bestellte 1134 den Askanierfürsten Albrecht den Bären zum Grafen der Nordmark. Wichtig für dessen Aufstieg wurden die guten Beziehungen zu dem zum Christentum übergetretenen Hevellerfürsten Pribislaw-Heinrich. Der kinderlose Fürst von Brandenburg setzte Albrecht den Bären als seinen Nachfolger ein. Bereits 1150 konnte Albrecht sein Erbe antreten. Seine Position wurde allerdings durch die Besetzung Brandenburgs durch Jaxa, bei dem es sich höchstwahrscheinlich um den Sprewanenfürst aus Köpenick handelte, bedroht.

Erst 1157 konnte Albrecht Brandenburg zurückerobern. Von da an nannten sich Albrecht und seine Nachfolger Markgrafen von Brandenburg. Noch bestand ihr Fürstentum aus verschiedenen, nicht miteinander verbundenen Gebieten. Die Herrschaft über die Nordmark mussten sich die Askanier zunächst mit anderen deutschen und slawischen Fürsten teilen. Durch geschickte Politik aber konnten sie ihren Machtbereich bis zum Ende des 13. Jahrhunderts kontinuierlich ausbauen. Zu diesem Zeitpunkt herrschten sie über eines der mittlerweile größten deutschen Fürstentümer.

Teil ihrer Politik war eine planmäßige Besiedlung der Mark, verbunden mit Stadt- und Klostergründungen. Im Zuge dieser Ausdehnung des Herrschaftsbereiches entstanden auch zwei Marktorte am Spreeübergang, die späteren Städte Berlin und Cölln. Schon zu Beginn bestand die Bevölkerung Berlins und Cöllns überwiegend aus Zuwanderern. Nur wenige Slawen aus der unmittelbaren Umgebung waren unter ihnen. Neuzugezogene aus dem Gebiet um Quedlinburg, Ballenstedt und Aschersleben, wo die Askanier ihre Stammsitze hatten, gehörten ebenso dazu wie eine Gruppe aus dem Rheinland. Darauf deutet nicht zuletzt die höchst plausible Ableitung des Ortsnamens Cölln/ Colonia von Köln am Rhein hin. Die von den Askaniern weiter betriebene Besiedelung des Teltow und des Barnim ließ den Spreeübergang in der Folgezeit zu einem Verkehrsknotenpunkt werden.

Die ersten Erwähnungen beider Orte in schriftlichen Quellen erfolgten schließlich 1237 beziehungsweise 1244. Sie dokumentieren urkundlich den Beginn ihrer städtischen Entwicklung.

12

Erste Erwähnung der Stadt Cölln in einer Urkunde aus dem Jahr 1237

In einem Vertrag aus dem Jahre 1237 zwischen dem Bischof Gernand von Brandenburg und den Markgrafen Johann I. und Otto III. wird ein Pfarrer Symeon von Cölln als Zeuge benannt. Für die Markgrafen hatte die Doppelstadt zunächst vor allem die Funktion, den Spreeübergang zu sichern, und diente als Ansiedlungsort für Handwerk und Gewerbe. Zwar legten sie in der zweiten Hälfte des 13. Jahrhunderts einen landesherrlichen Hof in Berlin/Cölln an, hielten sich aber noch immer überwiegend in der Spandauer Burg auf. Insbesondere das Stapelrecht jedoch, das durchreisende Kaufleute zwang, ihre Waren für einige Zeit den Bewohnern der Stadt zum Kauf anzubieten, beförderte den

Die kurfürstliche Residenzstadt Berlin und Cölln. Kupferstich von Kaspar Merian, 1652

wirtschaftlichen Aufschwung. Wichtigste Importwaren waren lange Zeit Tuche aus Flandern und Meeresfische. Berlin/Cölln entwickelte sich so zeitweise zu einem Fischmarkt mit überregionaler Bedeutung, auf dem vor allem auch einheimische Süßwasserfische verkauft wurden.

Gegen Ende des 13. Jahrhunderts hatte die Doppelstadt die nahe gelegenen älteren Städte Köpenick und Spandau in ihrer Bedeutung überflügelt. 1280 fand der erste märkische Landtag in Berlin/Cölln statt. Hier versammelte sich der Adel aus der Prignitz, der Mittel- und der Altmark: ein deutliches Zeichen, dass die Doppelstadt bereits zum Hauptort der Mark aufgestiegen war. Mit dem Tod der kinderlosen Askanier Waldemar, 1319, und Heinrich, 1320, kam das Ende der askanischen Herrschaft.

14

Es folgte eine Zeit ungeklärter Machtverhältnisse, in der sich Wittelsbacher und Luxemburger um Einfluss in der Region bemühten und die Doppelstadt ihre Privilegien weiter ausbauen konnte.

Die beiderseits des Spreelaufs gelegenen städtischen Siedlungen betrieben eine Politik der Kooperation, hatten sich zu gegenseitiger Hilfe verpflichtet und bildeten einen gemeinsamen Rat, der neben den Räten der Einzelstädte existierte. Auf der Langen Brücke, die beide Stadthälften verband, stand das Rathaus, in dem man sich zu Sitzungen zusammenfand: Man konnte in Berlin zum Thema Doppelstadt oder geteilte Stadt in späteren Zeiten also durchaus auf einen jahrhundertealten Erfahrungsschatz zurückgreifen.

KAUFLEUTE, KURFÜRSTEN, KÖNIGE
Zwischen Dreißigjährigem Krieg und dem Zeitalter Friedrichs des Großen

Die Herrschaft der Hohenzollern

Erst die Ernennung Friedrichs I. von Hohenzollern (1371–1440) zum Markgrafen und Kurfürsten am 18. April 1417 brachte der Stadt wieder politische Sicherheit. Mit den Hohenzollern trat die Adelsfamilie auf den Plan, die das Geschick der Stadt bis ins Jahr 1918 maßgeblich prägen sollte.

Vom 15. Jahrhundert an wurde das Stadtbild deutlich durch die Bautätigkeit der Kurfürsten bestimmt, wenn die Mark auch bis 1486 nur mehr als Nebenland ihrer fränkischen Besitzungen um Ansbach und Kulmbach galt. Der Markgraf nahm auf Cöllner Gebiet ein großes Stück Land für sich in Anspruch, um darauf seine Residenz zu errichten. Allerdings stieß er damit zunächst nur auf wenig Gegenliebe. Sein Versuch, große Teile des bürgerlichen Besitzes an sich zu bringen, schürte offenen Widerstand. Mit einem Aufruhr, auch als Berliner Unwille bekannt, wehrte man sich gegen eine Unterwerfung unter die Fürstengewalt und behinderte den Schlossbau zunächst. Erst im Frühjahr 1451 konnte der Markgraf seine neue Residenz beziehen.

Allerdings waren die Impulse, die von der Residenz auf Berlin ausgingen, noch eher bescheiden. Auch unter den Städten der Mark stand Berlin nicht an erster Stelle. So blieb zum Beispiel Frankfurt an der Oder bis Ende des 16. Jahrhunderts wirtschaftlich die bedeutendere. Ein gesundes Selbstbewusstsein scheint

Mitte des 15. Jahrhunderts ließ der Kurfürst ein neues Schloss errichten.
Druck nach Carl Röhling, um 1890

dagegen die Einwohner der Stadt schon damals ausgezeichnet
zu haben. Nachdem Martin Luther durch den Thesenanschlag
zu Wittenberg in deutschen Landen die Reformationsbewegung
ausgelöst hatte, blieben die Kurfürsten zunächst dem katholi-
schen Glauben verbunden. 1539 schließlich traten die Räte der
Städte Berlin und Cölln zusammen und forderten von ihrem
Landesherrn die Einführung des Abendmahls nach evangeli-
schem Ritus, dem Joachim II. (1505–1571) schließlich stattgab.

Unter Joachim waren einige wichtige Bauwerke entstanden.
Er ließ das Stadtschloss durch den Baumeister Caspar Theiß, der
auch die Jagdschlösser Grunewald und Köpenick errichtet hatte,
umgestalten. Außerdem ließ er einen schnellen Verbindungsweg
von seiner Residenz zum Grunewald anlegen, der durch sump-

figes Gelände führte und deshalb als Bohlendamm ausgeführt werden musste: den Kurfürstendamm.

In der zweiten Hälfte des 16. Jahrhunderts lebten schätzungsweise 12.000 Menschen in der Doppelstadt. Vergleicht man sie mit europäischen Hauptstädten wie London oder Paris, die ihre Einwohner in dieser Zeit bereits nach Hunderttausenden zählten, so begreift man, warum Berlin als eine junge Stadt zu bezeichnen ist, die damals noch im provinziellen Nirgendwo angesiedelt war. Dabei sollte es bald noch schlimmer kommen. Der Dreißigjährige Krieg, der von 1618 bis 1648 ganz Europa zum Schlachtfeld machte, ging auch an der Mark nicht spurlos vorüber. Zwar blieb Berlin in den ersten Jahren von unmittelbaren Kampfhandlungen verschont, wurde aber später Opfer kaiserlicher Brandschatzungen, nachdem sich die Hohenzollern dem Schwedenkönig Gustav Adolf II. angeschlossen hatten.

Insgesamt soll die Stadt bis zum Ende des Kriegs, nicht zuletzt durch eine 1631 grassierende Pest-Epidemie, rund ein Drittel ihrer Einwohner verloren haben. Die Mark Brandenburg gehörte sogar zu den am stärksten verwüsteten Landstrichen des Reiches: Ganze Ortschaften waren entvölkert und verlassen.

Der »Große Kurfürst«

Nach dem Krieg war es der als Großer Kurfürst in die Geschichte eingegangene Friedrich Wilhelm (1620–1688), der für die Stadt richtungweisende Entscheidungen traf. Er ließ das Schloss weiter ausbauen, veranlasste in den Sechzigerjahren die Anlage eines Befestigungsringes und verstärkte die vor Ort liegende Garnison auf rund 2.000 Mann.

Aber auch private Bautätigkeit wurde angeregt. Durch neue Bauordnungen wurde die Pflasterung der Straßen vorgeschrieben, Laternen mussten aufgestellt werden, Schweineställe auf

Kurfürst Friedrich Wilhelm empfängt Hugenotten in Potsdam. Holzstich nach einem Gemälde von Hugo Vogel, 1885

den Straßen wurden untersagt. Durch die Erhebung einer neuen Einfuhrsteuer, der Akzise, wurden Ausbaumaßnahmen finanziert. Neue Stadtteile entstanden: Friedrichswerder im Westen, die Dorotheenstadt nördlich davon sowie verschiedene Vorstädte außerhalb der Stadtmauer wie die Spandauer und die Stralauer Vorstadt. Zum Ende seiner Herrschaft hin hatte sich das Areal der Stadt in vier Jahrzehnten fast verdoppelt.

Um seine Wirtschaftspolitik erfolgreich umsetzen zu können, reichten jedoch die Ressourcen der Mark an Arbeitskräften und Unternehmern nicht aus. Der Große Kurfürst setzte auf Einwanderung. 1671 wurden als erste größere Gruppe aus Wien vertriebene Juden in der Mark aufgenommen. Mit dem Edikt von Potsdam von 1685 wurde die Ansiedlung von rund 20.000 Hugenotten ermöglicht, von denen sich ein Großteil in Berlin niederließ. Die Hugenotten, französische Glaubensflüchtlinge, betätigten sich hauptsächlich im Gewerbe und im Handwerk, die Juden im Geld- und Kredithandel. Der Toleranzgedanke, der zu einem wichtigen Stützpfeiler der preußischen Staatsidee werden sollte, hatte seine Wurzel also in ganz pragmatischen Überlegungen.

Preußen wird zur Großmacht

Der Sohn des Großen Kurfürsten, Friedrich I. (1657–1713), errang den Hohenzollern schließlich die Königskrone, indem er sich 1701 zum König in Preußen krönen ließ. Unter ihm erlebten Staat und Stadt eine kulturelle Blütezeit. Er holte 1694 den Baumeister Andreas Schlüter nach Berlin, der mit dem Umbau des Stadtschlosses und der Ausführung der Arbeiten am Zeughaus begann. Er und weitere Baumeister, wie zum Beispiel Eosander von Göthe, verliehen mit diesen Projekten, aber auch mit ihrer Mitwirkung an verschiedenen Privathäusern, der Residenz neuen Glanz.

Wichtige Anregungen für Wissenschaft und Kultur kamen von Sophie Charlotte (1668–1705), der Königin in Preußen. Ihr gelang es unter anderem, den Philosophen und Mathematiker Gottfried Wilhelm Leibniz (1646–1716) nach Berlin zu berufen. Auf seine Initiative hin wurde die Kurfürstlich-Brandenburgische Sozietät der Wissenschaften, die spätere Akademie der Wissenschaften, gegründet.

Mit dem achten Jahrestag der Krönung Friedrichs war das Ende der Doppelexistenz Berlin/Cöllns gekommen: Sie wurden mit ihren Vorstädten und den Städten Friedrichswerder, Dorotheenstadt und Friedrichstadt in einer Verwaltungseinheit zusammengefasst, die fortan das Zentrum der Monarchie bildete. Es entstand die Einheitsgemeinde Berlin. Die Stadtbevölke-

Königin Sophie Charlotte im Gespräch mit Gottfried Wilhelm Leibniz vor dem Charlottenburger Schloss. Holzstich nach einer Zeichnung von Adolph Menzel, 1846/47

rung umfasste zum Ende der Herrschaftszeit Friedrichs I. rund 60.000 Personen.

Sein Nachfolger auf dem Thron, Friedrich Wilhelm I., erhielt bald den Beinamen Soldatenkönig. Er reformierte den Staatshaushalt, hielt nichts von der Prunksucht seines Vaters und stand für Rationalität und Nüchternheit. Statt in Repräsentatives investierte er in den Ausbau des stehenden Heeres auf rund 80.000 Mann. Diese Stärkung der Militärgewalt sollte Berlin schließlich in den Kreis europäischer Hauptstädte führen. Auch für die weitere Entwicklung der Stadt selbst gab die Aufrüstung Impulse: Gewehr- und Textilmanufakturen erlebten eine wirtschaftliche Blüte. Zu den Gewinnern dieser Entwicklung zählte neben anderen das 1712 gegründete Handelshaus Splitgerber & Daum. Auch die Garnison in Berlin wuchs stetig: Um 1720 waren rund 12.000 Soldaten und ihre Angehörigen in der Stadt ansässig. Aufgrund des wirtschaftlichen Wachstums kamen wieder vermehrt Neubürger, unter ihnen zum Beispiel böhmische Protestanten, in die Region. Sie siedelten sich vor allem im Umland, so etwa in Böhmisch-Rixdorf oder Neu-Schöneberg, an. Berlin entwickelte sich nun langsam auch flächenmäßig zu einer europäischen Großstadt. Bei neuen Bauvorhaben war schon bald der alte Befestigungsring hinderlich: Er wurde in den Dreißigerjahren des 18. Jahrhunderts geschleift. An den ehemaligen Stadttoren wurden markante Plätze angelegt wie das Rondell am Halleschen Tor (heute Mehringplatz), das Achteck am Potsdamer Tor (Leipziger Platz) und das Quarré am Brandenburger Tor (Pariser Platz), die bis heute im Stadtbild auszumachen sind. Von 1734 an errichtete man eine sechs Meter hohe Zollmauer, die Akzisemauer, die einen wesentlich größeren Teil des Stadtraums umschloss als die ehemalige Befestigungsanlage. Durch sie sollte Schmuggel und Desertion verhindert werden, aber als Befestigungsanlage hatte sie keine Bedeutung mehr. Rekonstruierte Reste von ihr kann man heute noch auf dem Mittelstreifen der Stresemannstraße in Kreuzberg sehen.

Berlin unter Friedrich II.

»Die Religionen Müsen alle Tolleriret werden und mus der fiscal nuhr das auge darauf haben das keine der andern abruch Tuhe, den hier mus ein jeder nach Seiner Faßon Selich werden.« Diese berühmt gewordene Randbemerkung Friedrichs II. (1712–1786), Sohn des Soldatenkönigs, steht beispielhaft für die lange Geschichte des Toleranzgedankens in Preußen. Durch zahlreiche, langwierige Kriege, unter anderem im Siebenjährigen Krieg

Das erste Brandenburger Tor von 1734, links das Wachhaus, rechts das Akzisehaus, dahinter die Bäume des Tiergartens. Radierung von Daniel Chodowiecki, 1764

gegen die Habsburger um die Provinz Schlesien, machte der König Preußen zu einer Macht von europäischem Rang. Vor allem nachfolgende Generationen erhoben Friedrich den Großen zur Symbolfigur eines Preußentums, das sich auf Schöngeistigkeit, Pflichtbewusstsein und militärische Stärke berief.

Vom König gefördert, entwickelte sich Berlin zu einem geistigen Zentrum von europäischem Format. Von 1750 bis 1753 lebte der französische Aufklärer und Philosoph Voltaire am Hof in Potsdam, wo sich der König bevorzugt aufhielt und sein Lieblingsschloss Sanssouci erbauen ließ. In eben diesem Klima sammelten sich auch in Berlin Kreise wissenschaftlich und literarisch interessierter, vor allem jüdischer Bürger um den Verleger

Friedrich Nicolai, den Philosophen Moses Mendelssohn oder den Dichter Gotthold Ephraim Lessing.

Mit der Lockerung der Zensur ging die Gründung neuer Periodika einher: Neben der »Vossischen Zeitung«, die seit 1721, allerdings zunächst noch unter dem Namen »Berlinische Privilegierte Zeitung« erschienen war, entstand mit den »Berlinischen Nachrichten von Staats- und Gelehrtensachen« 1740 die zweite größere Zeitung der Stadt.

Städtebaulich hinterließ Friedrich II. bis heute sichtbare Spuren. Im Mittelpunkt seiner Aktivitäten stand das Forum Fridericianum, dessen Plan der König zusammen mit dem Architekten Georg Wenzeslaus von Knobelsdorff (1699–1753) entwickelte. Als erster Bau entstand die heutige Staatsoper Unter den Linden. Es folgte die St. Hedwigskathedrale, das Prinz-Heinrich-Palais (heute Hauptgebäude der Humboldt-Universität) und später, 1775–1780 nach Plänen von G. G. Boumann, die Bibliothek mit dem Spitznamen Kommode am heutigen Bebelplatz. Die Straße Unter den Linden wurde zur Prachtstraße umgebaut, der Tiergarten vom Gartenarchitekten Peter Joseph Lenné zum Landschaftspark geformt.

Zu dieser Zeit begann man in der Stadt auch Theatergeschichte zu schreiben. Das 1776 am Gendarmenmarkt eröffnete Französische Schauspielhaus wurde zehn Jahre später als Deutsches Nationaltheater wiedereröffnet. Es entwickelte sich so erfolgreich, dass schon nach wenigen Jahren der Architekt Carl Gotthard Langhans beauftragt wurde, einen größeren, repräsentativen Theaterbau zu schaffen, der 1802 unter dem Namen Königliches Nationaltheater eröffnet wurde. Hier feierte unter anderen Friedrich Schiller mit seinen Stücken große Erfolge. Ein Denkmal des Dichters auf dem Gendarmenmarkt, zwischen Deutschem und Französischem Dom, erinnert heute noch daran.

Der Gendarmenmarkt mit Deutschem Dom (l.), Schauspielhaus und Französischem Dom. Stahlstich, um 1870

Die Förderung von Handel und Handwerk war ein Anliegen des Königs. Für Waren, die auch im Inland hergestellt werden konnten, erließ man Einfuhrverbote und -zölle. So wurde etwa der Bohnenkaffee hoch besteuert, man wollte die Produktion von Ersatzkaffee wie dem aus einer Wurzel hergestellten Zichorienkaffee fördern. Etliche Manufakturen übernahm der Staat in eigener Regie, so im Jahr 1763 die Porzellanmanufaktur des Kaufmanns Gotzkowsky, bekannt unter dem Namen KPM (Königliche Porzellan-Manufaktur).

1786, im Todesjahr Friedrichs des Großen, lebten in Berlin rund 150.000 Menschen, darunter zahlreiche Soldaten, die in den Bürgerhäusern der Stadt einquartiert waren: Kasernen fand man im 18. Jahrhundert noch eher selten, vielmehr nahmen die Angehörigen der Garnison unmittelbar am städtischen Leben teil. So konnte denn der Reisende Johann Kaspar Riesbeck 1784 in einem Brief mitteilen: »Berlin ist eine ausserordentlich schöne und prächtige Stadt. Man darf sie immer unter die schönsten Städte Europens setzen. Sie hat die Einförmigkeit nicht, welche den Anblick der meisten neu und regelmäßig gebauten Städte in die Länge ennuyant macht. Die Bauart, die Eintheilung, die Gestalt der öffentlichen Plätze, die Besetzung derselben und einiger Straßen mit Bäumen, kurz, alles ist abwechselnd und unterhaltend.«

Nach dem Tod Friedrichs II. begann für Berlin eine Phase des Umbruchs. Unter seinem Nachfolger Friedrich Wilhelm II. kam es wieder zu verschärften Zensurmaßnahmen, die staatliche Wirtschaftsförderung ließ deutlich nach. Allerdings verdankt die Stadt diesem König ihr markantestes Bauwerk: Das Brandenburger Tor, entworfen von dem Architekten Carl Gotthard Langhans und mit der Quadriga Gottfried Schadows geschmückt, ist bis heute das Symbol für Berlin schlechthin. Es wurde 1791 ohne große Feierlichkeit der Öffentlichkeit übergeben.

BERLIN WIRD METROPOLE
Preußische Residenz und Hauptstadt des Kaiserreichs

Von den Napoleonischen zu den Befreiungskriegen

»Der König hat eine Bataille verlohren. Jetzt ist Ruhe die erste Bürgerpflicht. Ich fordere die Einwohner Berlins dazu auf. Der König und seine Brüder leben!« Dieser Anschlag des Gouverneurs von Berlin, Graf Friedrich Wilhelm von Schulenburg, am 17. Oktober 1806 sollte Panik unter der Bevölkerung verhindern. In der Schlacht bei Jena und Auerstedt waren die preußischen Truppen denen Napoleons unterlegen. Die Niederlage markierte das Ende des alten, friderizianischen Preußen; fast die Hälfte des preußischen Staatsgebietes und der Bevölkerung ging verloren. Berlin war von 1806–1808 durch französische Truppen besetzt. Begonnen hatte diese Zeit mit dem Einzug der Besatzungstruppen durch das Brandenburger Tor am 27. Oktober 1806. Als Kriegsbeute ließ Napoleon die Quadriga vom Langhans-Bau entfernen und nach Paris verbringen. Durch weitere Beschlagnahmung staatlichen Eigentums, die Einquartierung französischer Truppen, Lieferungen an die Armee und Unterhaltszahlungen für die Besatzungssoldaten entstand eine drückende Schuldenlast.

Nicht zuletzt deshalb formierte sich in der Stadt Widerstand gegen die Besetzung. Ein Zentrum der Opposition war das Haus des Verlagsbuchhändlers Georg Reimer, der die Werke Schleiermachers, Fichtes, Arndts, Kleists oder der Gebrüder Grimm verlegte. Johann Gottlieb Fichtes »Reden an die deutsche Nation«, von diesem im Winter 1807/1808 gehalten, markierten den Aufbruch zu einem neuen nationalen Selbstgefühl.

Letztlich hatte die französische Besatzung positive Entwicklungen zur Folge. Es wurden Reformen in Gang gebracht, die auf eine Erneuerung des preußischen Staates abzielten. Federführend dabei war der als leitender Minister fungierende Karl Freiherr vom und zum Stein (1757–1831). Für Berlin war vor allem die 1808 eingeführte neue Städteordnung von Bedeutung, die den Weg zur Selbstverwaltung der preußischen Städte ebnete und eine Mitwirkung der Bürger an der Politik anregen sollte. Zu diesem Zweck wurde als neues Gremium eine Stadtverordnetenversammlung eingeführt, die von den Bürgern in freier und geheimer Wahl gewählt werden sollte. Allerdings waren nur die Bürger wahlberechtigt, die über Hauseigentum oder ein Jahreseinkommen über 200 Taler verfügten – zu diesem Zeitpunkt noch nicht einmal sieben Prozent der Bevölkerung. Die Mitbestimmungsmöglichkeiten waren also noch auf einen kleinen, elitären Kreis beschränkt.

Ein weiteres wichtiges Signal für den Aufbruch zu einer demokratischen, aufgeklärten Gesellschaft war die Gründung der nach ihrem Stifter benannten Friedrich-Wilhelms-Universität im August 1809. Im ersten Jahr unterrichteten im ehemaligen Palais des Prinzen Heinrich gegenüber der Oper 52 Dozenten rund 250 Studenten. Die Gründung war von dem Geheimen Staatsrat und Direktor der Sektion Kultus und des öffentlichen Unterrichts im Ministerium des Innern, Wilhelm von Humboldt, angeregt worden und avancierte rasch zu einem frühen Musterbeispiel staatlich betriebener Wissenschaftsförderung. Bald zog die Universität eine Elite deutscher Forscher an, unter ihnen Fichte, den Juristen Friedrich Karl von Savigny, den

Das Palais des Prinzen Heinrich dient ab 1810 der Friedrich-Wilhelms-Universität als Vorlesungsgebäude. Radierung von Laurens & Dietrich nach Friedrich August Calau, um 1820

Theologen Friedrich Schleiermacher oder später den Historiker Leopold von Ranke und den Philosophen Georg Wilhelm Friedrich Hegel.

In dieser Zeit erlangte auch Luise (1776–1810), Königin von Preußen und Gattin Friedrich Wilhelms III., große Popularität in der Bevölkerung. Sie zeigte sich als echte First Lady, stand in engem Kontakt mit den Reformern um vom und zum Stein und kümmerte sich um die Sorgen ihrer Untertanen, die ihr deshalb große Sympathie entgegenbrachten.

Mit dem zweiten Einmarsch französischer Truppen im März 1812 wiederholten sich die Belastungen für die Bevölkerung der Stadt, und Berlin wurde zu einem Zentrum des Widerstands gegen Napoleon und seine Herrschaft. Die Niederlagen, die die französische Armee in Russland erlitt, waren Ausgangspunkt für die Befreiungskriege, die von einer großen Beteiligung der Bevölkerung am Kampf gegen Napoleon getragen wurden. Von den rund 10.000 Freiwilligen in Preußen kamen fast 6.300 aus Berlin. Napoleons Versuche, sich der Stadt abermals zu bemächtigen, scheiterten im August 1813 in der Schlacht von Großbeeren südlich von Berlin. Mit der Völkerschlacht bei Leipzig im Oktober desselben Jahres war die französische Herrschaft über Deutschland beendet.

Restauration und erste wirtschaftliche Blüte

Die Hoffnungen der politisch fortschrittlichen Kräfte wurden jedoch in der Folgezeit enttäuscht. Es gab nicht den erträumten deutschen Nationalstaat; König Friedrich Wilhelm III. löste sein Verfassungsversprechen nicht ein, stattdessen erlebten die Bürger eine Phase der Restauration mit verschärften Zensurmaßnahmen und der Verfolgung national-liberaler Bestrebungen.

Da sie ihre Energien nicht auf politischem Felde einsetzen konnten, lebten viele Bürger ihr Engagement auf kulturellem oder wirtschaftlichem Sektor aus. Wurden liberale Ideen im Politischen unterdrückt, so waren Gewerbe und Wirtschaft von diesen bestimmt. Die Einführung der Gewerbefreiheit in Preußen 1810 führte zum Ende ständischer Schranken und wirkte sich anregend auf die ökonomische Entwicklung Berlins aus. Die Industrialisierung setzte für Preußen und Berlin mit den Dreißigerjahren in voller Stärke ein. Das Stadtbild begann sich radikal zu verändern. Schlüsselindustrien waren die Textilindustrie, mit Kattundruckereien, Seidenmanufakturen und Produktionsstätten für Konfektionswaren, und die Bereiche Maschinenbau und Metallindustrie.

Die Maschinenbaufabrik Borsig in der Chausseestraße in Moabit. Gemälde von Eduard Biermann, 1847

Oft waren es einzelne Unternehmerpersönlichkeiten, die Akzente setzten. Nördlich der Stadt, vor dem Oranienburger Tor in der Chausseestraße, gründete August Borsig 1837 eine Werkstatt, die in kurzer Zeit zu einer bedeutenden Maschinenfabrik aufstieg und später zur größten europäischen Lokomotivenfabrik avancierte.

Die Eisenbahn wurde bald zum wichtigsten Motor wirtschaftlicher Entwicklung, der wachsende Verkehr konnte nur durch einen Ausbau der Infrastruktur bewältigt werden. Die erste Bahnlinie Preußens verband Berlin und Potsdam und wurde am 29. Oktober 1838 eröffnet. Rund um den Potsdamer Bahnhof entwickelte sich bald großstädtisches Leben. Rings um den Platz wurden in den Sechzigerjahren des 19. Jahrhunderts die ersten Mietshäuser gebaut, südwestlich des Potsdamer Platzes war das sogenannte Geheimratsviertel entstanden, ein Villenvorort, in dem unter anderem zeitweise Joseph Freiherr von Eichendorff und Jacob und Wilhelm Grimm wohnten. Eines der wenigen noch heute vorhandenen Gebäude dieses Quartiers ist die zwischen 1844 und 1846 nach Plänen von Friedrich August Stüler errichtete St. Matthäus-Kirche, die heute von der Neuen Nationalgalerie und der Gemäldegalerie umrahmt wird.

Mit dem Abriss der Akzisemauer 1866 wurde das Leben am Potsdamer Platz und südlich davon immer bunter, die Bauten profaner und die Potsdamer Straße entwickelte sich immer mehr zu einer Einkaufsmeile. Die vornehmen Mieter des Geheimratsviertels flüchteten schon bald in noch weiter außerhalb gelegene Villenkolonien und überließen ihre Grundstücke den Spekulanten. Die Probleme aber, die mit solch rasantem Wachstum verbunden waren, kündigten sich bereits in den Vierzigerjahren des 19. Jahrhunderts an. Lebten um 1800 noch rund 170.000 Menschen in Berlin, so waren es 1849 schon mehr als doppelt so viele: 412.154. Zahlreiche Zuwanderer versprachen sich gute Arbeitsmöglichkeiten in der Stadt. Doch mit der Zunahme der Bevölkerung wuchsen auch die sozialen Probleme. Die Gegensätze zwischen wohlhabenden Bürgern und Arbeitern, Tagelöhnern oder kleinen Gewerbetreibenden verschärften sich.

Schon die Zeitgenossen versuchten die Öffentlichkeit mit Beschreibungen des sozialen Elends in Berlin aufzurütteln. »Die nächste Stufe zur Obdachlosigkeit einer Familie ist das Wohnen derselben in den viel erwähnten Familienhäusern«, schrieb Friedrich Saß 1846. »In diesen fünf Häusern vor dem Hamburger Tore wohnen 1.600–1.800 Seelen. Die Häuser sind für 80.000 Taler erbaut, der Besitzer fordert gegenwärtig 200.000 Taler für dieselben. Man zahlt in denselben für eine Stube – welche häufig

Universität, Neue Wache und Zeughaus, rechts der Eingang zum Opernhaus.
Gemälde von Wilhelm Brücke d. J., 1842

von mehr als einer Familie bewohnt wird – 24 Taler Miete, ist noch ein finsteres Loch zum Kochen dabei, 36 Taler. Das Kapital verzinst sich gegenwärtig zu 12 Prozent.«

Aber gerade in dieser Zeit politischer Unfreiheit und heraufziehender sozialer Probleme erlebte Berlin eine wissenschaftliche und künstlerische Blüte. Einer der bekanntesten Köpfe, der diesen Zeitabschnitt mit geprägt hat und dessen Bauten bis heute das Bild der Stadt mitbestimmen, ist Karl Friedrich Schinkel (1781–1841). Aus der Fülle der von ihm geschaffenen Bauten ist zunächst das Nationaldenkmal zur Erinnerung an die Befreiungskriege zu nennen. Es wurde auf der höchsten Erhebung der Tempelhofer Berge aufgestellt. Das an der Spitze des Monuments angebrachte Kreuz gab dem Berg und dem in der zweiten

Hälfte des 19. Jahrhunderts zu seinen Füßen entstandenen Bezirk den Namen. Es folgten die Neue Wache, erbaut von 1816 bis 1818 Unter den Linden zwischen Zeughaus und Universität, das Schauspielhaus am Gendarmenmarkt, das 1821 mit einer Aufführung von Goethes »Iphigenie« feierlich eröffnet wurde, sowie das Alte Museum gegenüber vom Stadtschloss, das erste auf der Museumsinsel errichtete Gebäude. Darüber hinaus entwarf er die Schlossbrücke, unweit davon die Friedrichswerdersche Kirche sowie die Bauakademie. Letztere blieb zwar nicht erhalten, es gibt aber Anstrengungen für einen Wiederaufbau und eine Kopie eines Teils der Fassade ist am ursprünglichen Ort aufgestellt worden.

Neben einer großen Zeit der Architektur und Bildhauerei, als deren herausragende Vertreter Gottfried Schadow und Christian Daniel Rauch zu nennen sind, gab es eine produktive Schaffensphase an Oper und Theater. 1821 fand in Berlin am Königlichen Schauspielhaus die Uraufführung von Carl Maria von Webers »Freischütz« statt. Giacomo Meyerbeer, Felix Mendelssohn-Bartholdy, Albert Lortzing und Carl Friedrich Zelter, der Begründer der Singakademie, wirkten in der Stadt. Zelters Verdienst ist auch die Wiederentdeckung der Musik Johann Sebastian Bachs gewesen: Die Aufführung der »Matthäuspassion« in der Singakademie (heute Sitz des Maxim Gorki Theaters) unter der Leitung von Felix Mendelssohn-Bartholdy am 11. März 1829 wurde zu einem einzigartigen musikalischen Ereignis.

Es war die Zeit der Salons, die als Stätten des Austauschs der literarisch, wissenschaftlich und politisch Gebildeten fungierten. Als die bekanntesten galten die der Rahel Varnhagen und Henriette Herz. Hier gingen neben anderen Persönlichkeiten die Brüder Humboldt, Hegel, Adalbert von Chamisso, Heinrich Heine oder Achim und Bettina von Arnim ein und aus.

*Die Schriftstellerin Henriette Herz führte einen der bekanntesten
Berliner Salons. Zeichnung von Wilhelm Hensel, 1823*

Aber natürlich gab es auch ganz profane Vergnügungen,
nicht nur für das einfache Volk, die in dieser Zeit eine erste Blüte erlebten. Herausragende Anziehungspunkte waren vor allem
die Lesekonditoreien. Die erste war 1818 von dem Schweizer
Zuckerbäcker Giovanoli in der Charlottenstraße 21 eröffnet
worden. Er und andere zugewanderte Unternehmer, wie Stehely mit seinem Lokal An der Stechbahn und Spargnapani Unter
den Linden 50, sorgten für diesen frühen Aufschwung der Berliner Kaffeehauskultur. Auch hier traf man sich – ähnlich wie in
den Salons – zum Gedankenaustausch, ging aber auch hin, um
zu sehen und gesehen zu werden. In den Lesecafés konnte man
in- und ausländische Zeitungen studieren, sich informieren und
diskutieren. Bestimmte Lokalitäten wurden bald verschiedenen

politischen Richtungen zugeordnet: So trafen sich Liberale und Radikale im Stehely, im Café Josty eher die Konservativen. Im Stehely gehörten in den unruhigen Zeiten vor 1848 Karl Marx, Friedrich Engels, Michael Bakunin und Max Stirner zu den Stammgästen. Dagegen versammelten sich in der Hofkonditorei Kranzler Unter den Linden von jeher Gardeoffiziere und Rittergutsbesitzer. Das Kranzler besaß von 1833 an Berlins erste Caféterrasse.

Wer nicht ganz so viel Geld hatte, zog in die einfacheren Vergnügungsstätten, die vielfach vor den Toren der Stadt lagen. So etwa zum Ausschank der Bötzowbrauerei auf dem Windmühlenberg im heutigen Stadtteil Prenzlauer Berg oder in die Hasenheide, in der sich eine Vielzahl von Gartenlokalen befand. Auch der Tiergarten westlich des Brandenburger Tors war zu einem Ort der Erholung und Freizeitgestaltung (zumindest für einen Teil der Bevölkerung) geworden. Hier waren es die Zelten-Lokale, die als Vergnügungs- und Versammlungsort dienten. Der Name In den Zelten rührt von den provisorisch aus Leinwand errichteten Sommerwirtschaften her, die im Winter wieder abgebaut werden mussten.

Revolutionäres Berlin

Ob in den Lesecafés oder In den Zelten, immer wieder wurde die Unzufriedenheit mit der politischen Lage in Preußen artikuliert. Den Regierungsantritt Friedrich Wilhelms IV. im Jahr 1840 hatte man in Berlin mit großen Erwartungen und Hoffnungen auf Reformen verknüpft, doch das Erhoffte trat nicht ein. Die Nachricht vom schlesischen Weberaufstand 1844 machte viele Stadtbewohner auf die eigene missliche soziale Lage aufmerksam. Erstes deutliches Warnsignal für die Obrigkeit war der Attentatsversuch des ehemaligen Storkower Bürgermeisters

*Volksversammlung 1848 In den Zelten im Tiergarten. Holzstich nach einer
Zeichnung von A. Wald*

Heinrich Ludwig Tschech auf den König und seine Gemahlin
im selben Jahr. Auf den Berliner Straßen kursierten schon kurz
darauf Spottverse über den Vorfall: »Aber keiner war so frech, /
Wie der Bürgermeister Tschech, / Denn er traf fast auf ein Haar /
Unser teures Königspaar. / Ja, er traf die Landesmutter / Durch
den Rock ins Unterfutter.«

Nach Teuerungen und Missernten kam es zu Unruhen und
Plünderungen im Stadtgebiet. Auf dem Gendarmenmarkt stürm-
te die erzürnte Masse sogar Marktstände, und erst das Militär
konnte den Aufruhr, der als Kartoffelrevolution in die Geschichte einging, beenden. Schließlich war die Atmosphäre so aufgela-
den, dass wenig genügte, um eine größere Erhebung auszulösen.
Anfang 1848 kam es überall in der Stadt zu Versammlungen, bei

denen die Anwesenden ihre Unzufriedenheit mit den Verhältnissen artikulierten. In den ersten Märztagen trafen sich wieder
zahlreiche Bürger und Arbeiter, um über die offenen Fragen zu
diskutieren. Am 17. März beschloss man, dem König eine Liste
mit Forderungen zu übergeben, die unter anderem die Gewäh-
rung der Pressefreiheit, die Einberufung des Landtages und die
Aufstellung einer Bürgerwehr umfassten. Zwar zeigte sich der
König durchaus willig, auf einige der Forderungen einzugehen,
dennoch kam es am 18. März, als zwei Schüsse fielen, unter den
vor dem Schloss versammelten Massen zu Unruhe und Panik.
Barrikaden gegen die Soldaten des Königs wurden errichtet, bei
den folgenden Straßenkämpfen kamen mehr als 200 Menschen
ums Leben.

In den Mittagsstunden des 19. März erhielt schließlich das
Militär den Befehl, sich zurückzuziehen. Der König erwies auf
dem Schlosshof den aufgebahrten Märzgefallenen die letzte
Ehre und genehmigte die Aufstellung einer Bürgerwehr sowie
Versammlungs- und Pressefreiheit. Alles sah nach einem Sieg
der Revolution aus. Am 1. Mai begann man mit der Wahl zur
preußischen Nationalversammlung, die am 22. Mai erstmals
zusammentrat. Allerdings gab es wiederholt Unruhen. Schließlich kam es am 14. Juni zur Erstürmung des Zeughauses durch
Demonstranten, die eine systematische Bewaffnung des Volkes
forderten. Langsam begann sich angesichts solcher Vorkomm-
nisse die öffentliche Meinung zu wenden: Man hatte Angst vor
völlig ungeordneten Verhältnissen. Daraufhin ließ der König
unter dem Motto »Was Not tut, ist die Zähmung Berlins« wieder
Truppen in die Stadt einmarschieren, die Pressefreiheit wurde
aufgehoben, die Bürgerwehren aufgelöst. Am 5. Dezember 1848
wurde eine Verfassung erlassen, die Preußen zu einer konstitu-
tionellen Monarchie machte. Zunächst war in ihr sogar ein allge-

Der Sturm auf das Zeughaus am 14. Juni 1848. Holzstich nach einer französischen Skizze, Wiederabdruck in »Der wahre Jacob« Nr. 311, 21. Juni 1898

meines und gleiches Wahlrecht festgeschrieben, das aber schon zum 30. Mai 1849 durch das Dreiklassenwahlrecht ersetzt wurde. Dieses Wahlrecht begünstigte das wohlhabende Bürgertum und den besitzenden Adel und blieb in seinen Grundzügen bis 1918 bestehen.

Auf dem Weg zur modernen Großstadt

Ein ähnliches Ungleichgewicht bei der demokratischen Mitbestimmung ergab sich für die Stadtverordnetenversammlung. Voraussetzung dafür, das Wahlrecht ausüben zu dürfen, war ein Jahreseinkommen von 300 Talern. Damit waren nur rund fünf Prozent der Einwohner wahlberechtigt. Die eigentliche Macht lag in dieser Zeit aber weder bei den Stadtverordneten, die nur aus Anhängern der konservativen Partei bestanden, noch beim Oberbürgermeister, sondern beim Polizeipräsidenten Carl Ludwig Friedrich von Hinckeldey. Dieser war einerseits für die Kontrolle und Bespitzelung der Bevölkerung verantwortlich: »Demokratische Umtriebe« sollten schon im Keim erstickt werden. Andererseits wirkte er durchaus als Modernisierer der städtischen Infrastruktur. Regelmäßige Rinnsteinspülungen wurden angeordnet, die ersten Wasserleitungen gebaut, und vor dem Stralauer Tor entstand ein Wasserwerk. Bis dahin hatten sich die Berliner über rund 900 öffentliche und einige Tausend private Brunnen und Handpumpen mit Frischwasser versorgt. Das Wasserwerk der Berlin Waterworks Company ging 1856 in Betrieb. Ähnlich wie bei der städtischen Gasversorgung griff man auch hier anfangs auf englische Technik und Know-how zurück. Die von Hinckeldey gegründete Berufsfeuerwehr galt als vorbildlich und fortschrittlich – sogar im Vergleich mit dem Ausland. Aber auch andere Berliner Persönlichkeiten bewiesen in dieser Zeit Unternehmergeist. Der Druckereibesitzer Ernst Litfaß (1816–1874) schloss einen Vertrag mit dem Polizeipräsidenten, der es ihm erlaubte, seine Plakatsäulen in der Stadt aufzustellen. Durch die Litfaßsäule wurde das wilde Plakatieren eingedämmt, bis 1868 waren schon rund 200 davon im Stadtbild zu finden.

Am nachhaltigsten aber verewigte sich Hinckeldey vermutlich mit seiner Bauordnung von 1853, in deren Folge die für Berlin so typischen Mietskasernen mit mehreren Hinterhöfen entstanden. Nach dieser Verordnung mussten Innenhöfe so groß sein, dass eine Feuerspritze wenden konnte. Das ergab genau 5,34 Meter Tiefe und Breite. Drei oder mehr solche Innenhöfe hintereinander, die von Seitenflügeln und Quergebäuden (oft beschönigend Gartenhaus genannt) begrenzt wurden, waren keine

Das 1856 in Betrieb genommene Pumpwerk vor dem Stralauer Tor. Aquarell von W. Knoll nach einer Zeichnung von Th. Dettmers, um 1860

Seltenheit. Man kann diese Art zu bauen für eine fatale Fehlentwicklung halten, allerdings muss man hinzufügen, dass auf andere Weise mit der rasanten Bevölkerungsentwicklung wohl kaum hätte Schritt gehalten werden können. Zwischen 1857 und 1871 verdoppelte sich die Bevölkerung erneut auf nunmehr über 800.000 Einwohner. Die wachsende Stadt war zum Magneten für Zuwanderer aus den ländlichen Provinzen geworden, die hier Arbeit zu finden hofften. Mit Sicherheit gelang es dabei zahlreichen Spekulanten, mit der Unterbringung von möglichst vielen Mietern auf möglichst engem Raum in kurzer Zeit zu großem Reichtum zu kommen.

Auch der innerstädtische Verkehr musste sich den neuen Gegebenheiten und dem steigenden Mobilitätsbedürfnis der Bevölkerung anpassen. Im März 1865 wurde eine Konzession für die erste Pferdeeisenbahn zwischen Charlottenburg und dem Kupfergraben erteilt, außerdem verkehrten schon seit den Vierzigerjahren verschiedene Pferdeomnibuslinien quer durch Berlin. Das gestiegene Selbstbewusstsein der wachsenden Stadt fand seinen Ausdruck im Bau eines neuen Rathauses an der Stelle des mittelalterlichen. Das Rote Rathaus, 1861–1869 nach Plänen von Hermann Friedrich Waesemann errichtet, erhielt seinen Namen wegen der roten Klinkerfassade.

Der vom Baurat James Friedrich Ludolf Hobrecht (1815– 1902) erlassene Bebauungsplan für Berlin (1859–1861) stellte die Weichen für alle zukünftigen Entwicklungen, obwohl er schon kurz nach seiner Bekanntgabe heftig umstritten war. Allerdings haben sich seine großzügigen Straßenplanungen bewährt: Sie sind in der Lage, selbst die Verkehrsströme des 21. Jahrhunderts aufzunehmen.

Gründerjahre in der Reichshauptstadt

»Berlin wird Weltstadt« war schon während des Baubooms, den die Stadt in der zweiten Hälfte des 19. Jahrhunderts erlebte, als Schlagwort in aller Munde. Die radikale Erweiterung innerhalb von wenigen Jahrzehnten hat auch in der Literatur ihren Niederschlag gefunden. Theodor Fontane (1818–1898), selbst Zeuge und Chronist dieser Ereignisse, ließ Gordon, einen seiner Helden in dem Roman »Cécile«, vergeblich versuchen, den Potsdamer Platz zu überqueren, »der auch heute wieder wegen Kanalisation und Herstellung eines Inselperrons unpassierbar war. Wenigstens in seiner Mitte. So musste Gordon denn an der Peripherie hin sein Heil versuchen, was ihn freilich nur in neue Wirrnisse brachte.« Fontane selbst wohnte ganz in der Nähe des Platzes, in der Potsdamer Straße 134 c (wo sich heute der ge-

Das Rote Rathaus.
Lithografie, um 1870

waltige Baukörper der Staatsbibliothek erhebt) und konnte die
Geburtswehen des neuen Berlin so aus nächster Nähe verfolgen
und kommentieren.

Begleitet wurden diese Fontaneschen Beobachtungen immer
auch von Reminiszenzen an das alte Preußen, das nun tatsächlich bald zu Grabe getragen wurde. Berlin war auf dem Weg,
Reichshauptstadt zu werden. Die Einheit Deutschlands nördlich der Mainlinie hatte der preußische Ministerpräsident Otto
Fürst von Bismarck (1815–1898) mit der Gründung des Nord-
deutschen Bundes 1866/1867 erreicht. Einem Zusammenschluss
unter preußischer Führung, auch mit den süddeutschen Staaten,
standen nun unter anderem noch die Interessen des Nachbarn
Frankreich entgegen.

Auf diplomatische Auseinandersetzungen zwischen Deutschland und Frankreich, die Bismarck für seine machtpolitischen Interessen zu nutzen wusste, folgte am 19. Juli 1870 die Kriegserklärung Preußens an Frankreich, durch die auch für die süddeutschen Staaten der Bündnisfall eintrat. Nach dem preußischen Sieg wurde am 18. Januar 1871 im Spiegelsaal von Versailles das Deutsche Kaiserreich proklamiert. So kam die nationale Einheit von oben, von Seiten der Fürsten, und nicht, wie von vielen erhofft, als Folge eines demokratischen Prozesses zustande. Im später ratifizierten Friedensvertrag wurde Frankreich zur Abtretung Elsass-Lothringens und zur Zahlung einer Kriegsentschädigung gezwungen. Nicht zuletzt die nun fließenden Gelder waren für den kommenden wirtschaftlichen Aufschwung der Gründerjahre mitverantwortlich.

Der Deutsche Reichstag fand zunächst seine provisorische Unterkunft im ehemaligen Gebäude der Königlichen Porzellan-Manufaktur in der Leipziger Straße, bevor in den Jahren 1884–1894 am Königsplatz nach den Plänen von Paul Wallot das neue Reichstagsgebäude entstand.

Auf kommunalpolitischem Gebiet wurden in dieser Zeit richtungsweisende Entscheidungen getroffen, die den Weg zu einer modernen Großstadt möglich machten. Allen voran ist dabei der Bau der Kanalisation zu nennen. Als Berlin Reichshauptstadt wurde, war es um die Entsorgung der Abwässer noch schlecht bestellt. Sie flossen meist über die sogenannten Rinnsteine, zwischen Gehweg und Fahrbahn gelegen, ungeklärt in Flüsse und Kanäle. Nicht zuletzt durch Einführung der Wasserspülung stieg das Abwasseraufkommen derart an, dass die Kapazität der Rinnsteine bald nicht mehr ausreichend war. Wichtige Impulse für eine Verbesserung der Situation gab der Arzt und Kommunalpolitiker Rudolf Virchow (1821–1902). Er

Das 1894 fertiggestellte Reichstagsgebäude. Druck, 1896

unterstützte James Hobrecht bei seinen Plänen, Berlin von 1873
an mit einem hochmodernen Kanalisationssystem auszustatten:
Nachdem die Abwässer durch spezielle Druckleitungen ins Berliner Umland gepumpt und dann auf den von der Stadt ange-
kauften Rieselfeldern verteilt wurden, dienten sie zugleich als
Düngung des landwirtschaftlich genutzten Bodens. Das Wasser
wurde automatisch gefiltert und gelangte wieder zurück in den
Wasserkreislauf. Diese Aktivitäten brachten Berlin bis um die
Jahrhundertwende in den Ruf, eine der reinlichsten Großstädte
der Welt zu sein.

Begleitet wurde diese Entwicklung von einem weiteren An-
stieg der Bevölkerungszahlen in Berlin, das heißt in diesem Fall
auf dem Gebiet des späteren Groß-Berlin, denn auch die Nach-

barstädte wie Neukölln (bis 1912 Rixdorf) oder Wilmersdorf waren inzwischen zu Großstädten mit über 100.000 Einwohnern herangewachsen. Lebten im Jahr der Reichsgründung im Großraum noch rund 930.000 Menschen, so waren es um 1910 bereits 3,7 Millionen. Neu gegründete Unternehmen und wirtschaftliche Aktivitäten lockten immer mehr Menschen auf der Suche nach Arbeit und Lohn an. Am auffälligsten entwickelte sich ein noch junger Industriezweig: die Elektroindustrie. Die ersten Signale für eine Elektrifizierung von Berlins öffentlichem Raum wurden von Siemens & Halske mit der Entwicklung der elektrischen Straßenbeleuchtung oder der Präsentation einer kleinen Elektrolok auf der Berliner Gewerbeausstellung 1879 gegeben. Es folgte bald darauf auch die Gründung der AEG (Allgemeine Elektrizitäts-Gesellschaft). Im Jahr 1895 arbeitete jeder dritte in der Elektroindustrie beschäftigte Deutsche in Berlin.

Etwa aus diesem Jahr stammt die folgende Erinnerung der Baronin Spitzemberg: »Das Getriebe in den Hauptverkehrsstraßen wie Leipziger- und Friedrichstraße ist förmlich betäubend; die elektrischen Wagen und die Trams bilden eine ununterbrochene Linie, Wagen aller Art, Droschken, Drei- und Zweiräder zu Hunderten fahren neben-, vor-, hinter- und oft aufeinander, das Läuten dieser Vehikel, das Rasseln der Räder ist ohrenzerreißend, der Übergang der Straßen ein Kunststück für den Großstädter, eine Pein für den Provinzler. Behauptete doch Frau von Beulwitz, sie hätten sich anfangs gerührt umarmt, wenn sie nach einem solchen Übergange des Potsdamer Platzes sich gesund auf der Insel wiederfanden! Bei Wertheim wogt es aus und ein wie in einem Bienenhause, in den Buchhandlungen prügelt man sich um Bismarcks Erinnerungen.«

Seit 1865 waren im Bereich der Stadt und der Vororte tatsächlich fast zwei Jahrzehnte lang noch die Pferdebahnlinien die

Am 16. Mai 1881 fuhr die erste elektrische Straßenbahn vom Bahnhof Lichterfelde Ost zur Kadettenanstalt.

wichtigsten Verkehrsmittel, die erst nach und nach von neueren Techniken verdrängt wurden. Die erste elektrische Straßenbahnlinie führte ab 1881 vom Bahnhof Lichterfelde Ost zur Kadettenanstalt. Die Rolle der Eisenbahn für den städtischen Nahverkehr wurde vor allem mit der Inbetriebnahme der Ringbahn immer wichtiger. 1871 wurde der östliche, sechs Jahre später der westliche Teil in Betrieb genommen. Durch die Ringbahn waren nun die verschiedenen Fernbahnhöfe untereinander auf direktem Weg verbunden. Etwas länger zog sich noch der Bau der Stadtbahnstrecke zwischen Charlottenburg und dem Schlesischen Bahnhof (heute Ostbahnhof) quer durch die Innenstadt hin. Sie wurde erst 1882 fertiggestellt. 1902 nahm dann auch die erste Hoch- und Untergrundbahn vom Stralauer Tor (die Station hieß später Osthafen und existiert nicht mehr) zum Bahnhof Zoologischer Garten mit einem Abzweig zum Potsdamer Platz ihren Betrieb auf. Berlin erhielt damit als fünfte europäische Großstadt nach London, Budapest, Glasgow und Paris eine U-Bahn.

Auch bei den ganz neuen Verkehrsmitteln konnte Berlin bald eine Vorreiterrolle spielen. Nachdem ab 1891 der Flugpionier Otto Lilienthal in Lichterfelde die ersten Gleitflugversuche durchgeführt hatte, entwickelte sich die Stadt bald zu einem Zentrum der Luftfahrt. In Johannisthal entstand der erste Motorflugplatz Deutschlands und einer der modernsten Aeroporte Europas. Von hier aus starteten zum Beispiel im August 1912 die Teilnehmer des Wettflugs Rund um Berlin, der über Schulzendorf, Spandau, Potsdam und Teltow führte.

Das erste private Automobil wurde 1892 in der Stadt zugelassen, schon wenige Jahre später fanden die ersten Auto- und Motorradrennen statt. Bereits 1913 begann die Automobil-Verkehrs- und Übungsstraße GmbH mit dem Bau eines Vorläufers der Autobahn quer durch den Grunewald. Die Strecke wurde allerdings erst 1921 eröffnet, ist heute noch bestens unter der Bezeichnung AVUS bekannt und war regelmäßig Austragungsort für Autorennen. Was dem Individualverkehr recht war, konnte dem öffentlichen Personenverkehr nur billig sein. Die mit Motor betriebenen Busse und Kraftdroschken lösten zusehends die Pferdegespanne und Pferdeomnibusse ab. Der letzte Bus dieser Art wurde 1920 aus dem Verkehr gezogen.

Was in den Erinnerungen der Baronin Spitzemberg schon anklang, gehörte selbstverständlich auch untrennbar zu diesem Zeitabschnitt zwischen Reichsgründung und Erstem Weltkrieg: der Aufstieg von Unternehmen, die Nahrungsmittel und Konsumgüter produzierten oder Handel trieben. Einige von ihnen waren zumindest dem Namen nach viele Jahrzehnte noch im

48

Das Kaufhaus Wertheim an der Leipziger Straße setzte neue Maßstäbe.
Fotopostkarte, um 1910

Stadtbild präsent: die Meierei Bolle, Kaisers Kaffeegeschäft, Butter-Beck, die Firmen Leineweber und Peek & Cloppenburg für den Textilbereich oder Tack und Leiser mit Schuhen. In der Leipziger Straße etablierte sich das Kaufhaus Wertheim, das dort 1904 mit dem von Alfred Messel entworfenen Gebäude Maßstäbe setzte. 1907 eröffnete in der Tauentzienstraße in Charlottenburg das KaDeWe (Kaufhaus des Westens). Es war Zeichen und Träger des wirtschaftlichen Aufschwungs des Kurfürstendamms und seiner Umgebung nach der Jahrhundertwende.

Hier war es auch, wo ein neuer Typus Kontur gewann: der Flaneur. Einer der wichtigsten Vertreter dieser Zunft, Franz Hessel (1880–1941), schrieb über die Gegend: »Die Tauentzienstraße und der Kurfürstendamm haben die hohe Kulturmission, den

Berliner das Flanieren zu lehren, es sei denn, dass diese urbane Betätigung überhaupt abkommt. Aber vielleicht ist es noch nicht zu spät. Flanieren ist eine Art Lektüre der Straße, wobei Menschengesichter, Auslagen, Schaufenster, Café-Terrassen, Bahnen, Autos, Bäume zu lauter gleichberechtigten Buchstaben werden, die zusammen Worte, Sätze und Seiten eines immer neuen Buches ergeben. Um richtig zu flanieren, darf man nichts allzu Bestimmtes vorhaben. Und da es nun auf der Wegstrecke vom Wittenbergplatz bis nach Halensee so viele Möglichkeiten, Besorgungen zu machen, zu essen, zu trinken, Theater, Film oder Kabarett aufzusuchen, gibt, kann man die Promenade ohne festes Ziel riskieren und auf die ungeahnten Abenteuer des Auges ausgehen.«

Mit dem Zug nach Westen war neben dem repräsentativen, alten Berlin rund um die Straße Unter den Linden und die Friedrichstraße ein zweites wichtiges Zentrum für die Stadt entstanden. Teil dieser Verlagerung war auch die Anlage von aufgelockerten Wohn- und Villensiedlungen vor allem im Westen und Süden. Hier konnten die Reichen und Wohlhabenden abseits der städtischen Enge im Grünen wohnen. Solche neuen Stadtteile entstanden unter anderem in Lichterfelde, Lankwitz oder dem Grunewald.

In Kunst und Literatur tat sich Berlin schwer, zur wirklichen Hauptstadt zu werden. In der bildenden Kunst war lange Zeit Adolph Menzel (1815–1905) der Einzige, der sich als Vertreter des Realismus einen Namen machen konnte. Wichtige Impulse auf dem Weg zu einer Stadt der Künste kamen von Wilhelm von Bode, dem Generaldirektor der Königlichen Museen. Aus Protest gegen die etablierte Kunstszene bildete sich 1898 die Berliner Secession, der bald berühmte Maler wie Max Liebermann oder Walter Leistikow angehörten. In der Bühnenkunst konnten im 1883 gegründeten Deutschen Theater Otto Brahm (Chef der

Auf der Tauentzienstraße gewann ein neuer Typus Kontur: Der Flaneur.
Glasdiapositiv, um 1910

Bühne von 1894–1903) und Max Reinhardt (von 1905–1932) neue
Akzente setzen. Die Volksbühnenbewegung entstand in der Absicht, auch weniger begüterten Kreisen Theaterbesuche zu ermöglichen. Die Freie Volksbühne sorgte 1911 mit der Uraufführung von Gerhart Hauptmanns Stück »Die Weber« für Furore.
1914 wurde am damaligen Bülowplatz (heute Rosa-Luxemburg-
Platz) eine eigene Spielstätte für die Volksbühne eröffnet.

Auch als Wissenschaftsstandort wurde Berlin immer wichtiger. Zur Hundertjahrfeier der Friedrich-Wilhelms-Universität
wurde die Kaiser-Wilhelm-Gesellschaft zur Förderung der Wissenschaften ins Leben gerufen. Max Planck und Albert Einstein,
beide spätere Nobelpreisträger, gehörten zu den berühmtesten
dort tätigen Wissenschaftlern.

Eine unbestrittene Führungsrolle im Reich hatte Berlin als Zeitungsstadt. Neben die traditionellen Blätter wie etwa die konservative »Kreuz-Zeitung« oder die »Vossische Zeitung« traten von 1880 an neue Massenblätter wie der »Berliner Lokalanzeiger«, die »Berliner Morgenpost« oder die »B.Z. am Mittag«, deren erste Nummer 1904 auf den Markt kam.

Allerdings sollten bald weltpolitische Ereignisse die friedliche Weiterentwicklung Berlins zu einer der modernsten Städte Europas unterbrechen. Im Streben nach einer gewichtigen Mitsprache im Konzert der imperialen Mächte in Europa hatte die Reichsregierung Deutschland auf Konfrontationskurs gebracht. Nach der Ermordung des österreichischen Thronfolgerpaares in Sarajewo am 28. Juni 1914 zog das Deutsche Reich als Bündnispartner mit Österreich-Ungarn in den Krieg gegen die europäischen Großmächte Russland, Italien, Frankreich und England.

Wenn auch der Erste Weltkrieg nicht unmittelbar auf Reichsgebiet übergriff, so blieb er dennoch nicht ohne Folgen für das Leben in der Hauptstadt. Die Stadt wurde zum Zentrum der Rüstungsplanung und -produktion, in die unter anderem Firmen wie Siemens oder AEG eingebunden waren. Vor allem die Versorgung der Bevölkerung einer Großstadt stellte sich unter Kriegsbedingungen als äußerst problematisch dar; die Verwaltung sah sich genötigt, in allen Bezirken Volksküchen einzurichten. Im sogenannten Kohlrübenwinter 1916/1917 nahmen über 150.000 Menschen diesen Versorgungsweg in Anspruch. Dennoch hungerten weite Kreise der Bevölkerung. Als die Hoffnung auf ein baldiges Kriegsende oder gar einen Sieg zusehends schwand, legten im April 1917 im ganzen Reich Hunderttausende die Arbeit nieder, im Januar 1918 fast eine halbe Million. Es waren die ersten Vorboten des Kriegsendes, aber auch für das Ende einer Epoche.

DIE WILDEN ZWANZIGERJAHRE
Berlin in der Weimarer Republik

Freikorps, Revolutionäre, Demokraten

»Der Kaiser und König hat sich entschlossen, dem Throne zu entsagen.« So verkündete der damalige Reichskanzler, Prinz Max von Baden, am 9. November 1918 das Ende der Hohenzollernherrschaft – nicht nur über Berlin, sondern über ganz Deutschland. Er beabsichtige, »dem Regenten die Ernennung des Abgeordneten Ebert zum Reichskanzler und die Vorlage eines Gesetzentwurfes wegen der sofortigen Ausschreibung allgemeiner Wahlen für eine verfassungsgebende deutsche Nationalversammlung vorzuschlagen, der es obliegen würde, die künftige Staatsform des deutschen Volkes einschließlich der Volksteile, die ihren Eintritt in die Reichsgrenzen wünschen sollten, endgültig festzustellen.«

Mit dem Ende der Monarchie begann eine Zeit der Unsicherheit. Würde die Sozialdemokratische Partei Deutschlands (SPD) die Führung übernehmen und das Land auf den Weg zu einer parlamentarischen Demokratie führen, oder waren die Arbeiter- und Soldatenräte stärker, die sich überall im Land formiert hatten? Friedrich Ebert (1871–1925) und die SPD setzten schließlich durch, dass zum 19. Januar 1919 Wahlen für eine verfassunggebende Nationalversammlung anberaumt wurden.

Die Lage in Deutschland blieb dennoch von politischen Unruhen und Kämpfen bestimmt, die sich vor allem auf Berlin konzentrierten. So riefen am 5. Januar Karl Liebknecht und die USPD (Unabhängige Sozialdemokratische Partei Deutschlands) zum Sturz der Regierung Ebert auf. Die folgenden Kämpfe wurden vor allem von Anhängern des Spartakusbundes getragen. Sie besetzten zentrale Punkte der Stadt, darunter das Polizeipräsidium am Alexanderplatz und das Zeitungsviertel rund um die Koch-, Leipziger- und Friedrichstraße. Erst mithilfe von Freikorpsverbänden gelang es der Regierung, den Aufstand zu beenden.

Seine Anführer, Karl Liebknecht und Rosa Luxemburg, wurden nach ihrer Festnahme von Angehörigen der Garde-Kavallerie-Schützen-Division auf der Fahrt zum Gefängnis in Moabit ermordet. Ein Ende der Gewalt war nicht abzusehen. Bei den Wahlen zur Nationalversammlung, an denen erstmals auch Frauen teilnehmen durften, erhielten die SPD, das Zentrum und die übrigen demokratischen Parteien eine Dreiviertelmehrheit. Am 6. Februar konnte die Versammlung zu ihrer konstituierenden Sitzung zusammentreten, die aus Sicherheitsgründen nicht in Berlin, sondern in Weimar stattfand. Man erhoffte sich in der Provinz, fernab der bewaffneten Kämpfe, einen ungestörteren und gesicherteren Ablauf. Tatsächlich blieb es in Berlin bis ins Jahr 1920 hinein politisch unruhig. Die Regierung konnte sich schließlich nur mithilfe gegenrevolutionärer Kräfte behaupten. Der letzte große Aufstand in Berlin, diesmal von Seiten des Militärs, war der rechtsradikale Kapp-Putsch vom 13. bis 17. März 1920.

Reichspräsident Friedrich Ebert und weitere Mitglieder der Regierung und der Nationalversammlung flohen aus der Stadt. Allerdings verweigerten die meisten Beamten den Putschisten die Gefolgschaft und ein von den Gewerkschaften organisierter Generalstreik zwang die Umstürzler schließlich zur Aufgabe.

Soldaten beim Kapp-Putsch im März 1920 am Potsdamer Platz

Groß-Berlin zwischen Inflation und Stabilisierung

Auch auf kommunalpolitischer Ebene hatten sich bald demokratische Reformen durchgesetzt. Am 23. Februar 1919 war eine neue Stadtverordnetenversammlung gewählt worden. Das Dreiklassenwahlrecht wurde abgeschafft und Frauen durften ebenfalls ihre Stimmen abgeben. SPD und USPD bekamen zusammen fast zwei Drittel der Mandate zugesprochen. Gemeinsam setzten sie im preußischen Parlament am 27. April 1920 das »Gesetz über die Bildung einer neuen Stadtgemeinde Berlin« durch, das Struktur und Entwicklung der Stadt nachhaltig verändern sollte. Das Gesetz konnte am 1. Oktober desselben Jahres in Kraft treten. Die 3,8 Millionen Einwohner, die sich bisher auf Berlin (1,9 Millionen), sieben weitere Städte mit rund 1,2 Millionen Einwohnern und 59 Landgemeinden sowie 27 Gutsbezirke verteilt hatten, gerieten jetzt unter gemeinsame Verwaltung. Groß-Berlin wurde zugleich in nunmehr 20 Bezirke unterteilt und umfasste eine Fläche von 878 Quadratkilometern. Dabei war jetzt keinesfalls ein großes *rotes* Berlin entstanden, wie es die bürgerlichen Parteien zunächst befürchtet hatten. Hielt im *alten* Berlin die SPD noch die absolute Mehrheit der Wählerstimmen, so führte die Erweiterung der Stadt eher zu einem Ausgleich, da nun zum Beispiel auch die Villenvororte Teil der Großstadtgemeinde geworden waren. Nicht zuletzt deshalb wählte die SPD den bürgerlichen Gustav Böß (1873–1946), der später der Deutschen Demokratischen Partei beitrat, von 1921–1929 zum ersten langjährigen Oberbürgermeister von Groß-Berlin.

Trotz einer sich andeutenden politischen Stabilisierung blieben die ersten Jahre der Republik und der neuen Großstadt unruhig. Im Friedensvertrag von Versailles 1919 hatten die siegreichen Kriegsparteien Deutschland enorme Reparationsleistungen auferlegt – eine große Hypothek für die noch junge Demokratie. Insbesondere rechte Parteien und Gruppen versuchten die demokratischen Kräfte als »Erfüllungspolitiker« zu diffamieren und dadurch ihre eigene Position zu festigen. Prominentes Opfer dieser Agitationen wurde Walther Rathenau, Außenminister, Chef der AEG, vormals Organisator der deutschen Kriegswirtschaft und jüdischer Abstammung. Er wurde am 24. Juni 1922 auf der Fahrt von seiner Villa im Grunewald zum Auswärtigen Amt von Mitgliedern der terroristischen Organisation Consul auf offener Straße ermordet. Dabei hatte gerade er sich darum bemüht, die Reparationslasten zu mindern und Deutschland wieder aus der politischen Isolation herauszuführen.

Zur gleichen Zeit erlitt die deutsche Währung eine Reihe dramatischer Kursstürze. Ihren Höhepunkt erreichte die Infla-

Folgen der Inflation 1923: An der Kasse des Schlosspark-Theaters in Steglitz musste man mit Naturalien bezahlen.

tion im November 1923, als für einen Dollar der Gegenwert von 4,2 Billionen Mark zu zahlen war. Mit dem Beschluss zur Einführung der Rentenmark am 16. Oktober und der Ausarbeitung des Dawes-Plans im Jahr 1924 begann die Stabilisierung der Wirtschaft. Symbolfigur für den Gesundungskurs war Gustav Stresemann (Deutschnationale Volkspartei/DVP), der am 13. August 1923 für einige Zeit das Reichskanzleramt übernahm und mit einer Großen Koalition aus DVP, DDP (Deutsche Demokratische Partei), Zentrum und SPD das Land in die sogenannte Stabilisierungsphase führte.

Eine Stadt in Bewegung

Es gibt viele Bilder, die unsere Vorstellung vom Leben im Berlin der Zwanzigerjahre prägen. Eines davon ist das der Stadt in permanenter Bewegung. Nachdem Autos in Mode gekommen waren, wuchs der Individualverkehr auch in Berlin weiter an. Zu einem Ort der Mobilität wurde der Potsdamer Platz. Er war stets weniger ein Platz im klassischen Sinne als vielmehr ein Punkt, an dem sich die unterschiedlichsten Verkehrsströme der Großstadt kreuzten: Fußgänger, Pferdedroschken, Autos, Busse, Straßen- und U-Bahnen. Zum Symbol der Zeit wurde der 1924 gebaute Verkehrsturm auf der Platzmitte, die erste Verkehrssignalanlage Berlins, die neben einer Normaluhr auch einen Ausguck für einen Verkehrspolizisten hatte. Die Fülle an Verkehr war damals zweifellos beeindruckend, der Platz galt zeitweise als die verkehrsreichste Kreuzung Europas. Manche Zeitgenossen konnten sich dabei jedoch den Spott über das Verhältnis der Berliner zu ihrem Straßenverkehr nicht ganz verkneifen. Kurt Tucholsky schrieb: »Es ist geradezu lächerlich, was zur Zeit in dieser Stadt aufgestellt wird, um den Verkehr zu organisieren, statistisch zu erfassen, zu schildern, zu regeln, abzuleiten, zuzuleiten. Ist er denn so groß? Nein.« Der Befund des Schriftstellers lässt sich durch die tatsächlichen Statistiken erhärten. Im Jahr 1930 waren erst 48.623 private Autos in Berlin zugelassen.

Ernst Reuter (1889–1953), damals Verkehrsstadtrat, machte sich für einen Zusammenschluss der zahlreichen Unternehmen stark, die sich im Bereich des öffentlichen Nahverkehrs betätigten. Dies führte zur Gründung der Berliner Verkehrs-Gesellschaft (BVG). Sie galt seinerzeit als das größte kommunale Unternehmen der Welt.

Auch der zivile Luftverkehr erlebte bald einen Aufschwung, nicht zuletzt durch die Gründung der Lufthansa mit Sitz auf

Galt zeitweise als verkehrsreichster Platz Europas: der Potsdamer Platz, hier um 1930

dem Flughafen Tempelhof. Dieser entwickelte sich im Laufe der Zwanzigerjahre zu einem internationalen Verkehrsknotenpunkt: Waren 1924 noch rund 1.000 Starts und Landungen zu verzeichnen, so wurden es vier Jahre später bereits 20.800 jährlich.

Natürlich wurde in diesen Jahren die Fantasie der Planer beflügelt. Dies galt zum Beispiel für den Potsdamer Platz, an dem sich wie an keinem anderen Ort in der Stadt im 20. Jahrhundert die historischen Ereignisse auf engstem Raum verdichteten. Immer wieder gab es Pläne für seine Umgestaltung. Vor allem in den Zwanzigerjahren suchten Stadtplaner und Architekten die örtlichen Gegebenheiten an die Bedürfnisse der modernen Großstadt anzupassen, wobei vieles nie über die Planungsphase hinauskam. Erinnert sei an den Entwurf der Gebrüder Luckhardt und von Alfons Anker, die einen 14-geschossigen, runden gläsernen Büroturm auf die Spitze des Dreiecks zwischen Bellevue- und Potsdamer Straße stellen wollten – dorthin, wo man heute vom Potsdamer Platz auf das Sony-Areal gelangt. Der moderne Entwurf Martin Wagners für die Umgestaltung des Platzes sah bereits eine unterirdische Verkehrs- und Einkaufsebene vor. Diese Passage sollte vor allem die Fußgänger von der stark frequentierten Straßenkreuzung fernhalten.

Allein das erst 1932 fertiggestellte Columbus-Haus von Erich Mendelsohn (1887–1953) wurde als Teil einer solch großzügigen Umgestaltungsmaßnahme verwirklicht. Der zehnstöckige Stahlskelettbau an der Ecke Ebert- und Bellevuestraße war im Stil der Neuen Sachlichkeit für die Pariser Warenhauskette Galeries Lafayette geplant worden, wurde dann aber überwiegend als Bürohaus genutzt. Ein zweiter Bau, der nach Plänen von Mendelsohn entstand, war das 1928 fertiggestellte Ufa-Filmtheater am Lehniner Platz, in dem heute die Schaubühne ihre Spielstätte unterhält.

Als Alternative zur Mietskaserne wurde mit fortschrittlicheren Bauformen experimentiert. Beispielhaft sei die Hufeisensiedlung in Berlin-Britz genannt, die in den Jahren 1925–1927 nach Plänen der Architekten Bruno Taut (1880–1938) und Martin Wagner (1885–1957) entstand. Große, begrünte Innenhöfe wurden angelegt, Licht und Luft sollten in die Wohnungen gelangen. Trotz aller Anstrengungen dieser Art blieb die Wohnungsnot bestehen. Schließlich zogen nach dem Ersten Weltkrieg durchschnittlich rund 80.000 Menschen pro Jahr neu nach Berlin. Zahlreiche Familien wohnten weiter mit bis zu zehn Personen in dunklen, kleinen Wohnungen oder mussten mit Unterkünften in Baracken und Gartenlauben vorliebnehmen.

Die Hufeisensiedlung in Britz kurz nach ihrer Fertigstellung

Kino, Rundfunk, Kabarett

In den Zwanzigerjahren begann sich eine Konsumkultur zu entwickeln, die erstmals breitere Kreise der Bevölkerung erreichte, wenn sie vielleicht auch noch zu keinem wirklichen Massenphänomen werden konnte. Auto, Kühlschrank, Staubsauger waren die ersten Symbole für diese Entwicklung. Mit der beginnenden Automatisierung des Haushaltes ging auch eine Elektrifizierung im privaten Bereich einher, die allerdings zunächst nur langsam vorankam. Für 1926 geht man davon aus, dass rund 25 Prozent der Haushalte in Berlin einen eigenen Stromanschluss besaßen, 1932 waren es schon 75 Prozent. Eine ähnliche Entwicklung machte der Rundfunk, der schon bald ein ernst zu nehmender Konkurrent des klassischen Leitmediums Tageszeitung war.

1923 nahm der erste Rundfunksender im Vox-Haus am Potsdamer Platz die Arbeit auf, zwei Jahre später waren 269.000 Empfänger angemeldet, 1932 bereits 854.000. 1924 fand die erste Funkausstellung statt, 1926 wurde der Funkturm eingeweiht, der bis heute als Symbol des Messegeländes gilt.

Rundfunkgeräte und andere Massenartikel wurden in neu gestalteten Konsumtempeln angepriesen. Als größtes Kaufhaus Europas galt seinerzeit das von Philipp Schäfer in Eisenbauweise geplante Karstadt-Warenhaus am Hermannplatz. Vor allem die großzügige Dachterrasse rief Bewunderung hervor. Dennoch muss man festhalten, dass viele der hier beschriebenen Phänomene noch keine echte Breitenwirkung entfalten konnten. Noch lebten viel zu viele Menschen in einfachen bis einfachsten Verhältnissen. Die Stabilisierungsphase nach 1923 war zu kurz, um sämtliche Bevölkerungskreise zu erreichen. Gegen Ende des Jahrzehnts spitzte sich die Lage sogar wieder zu; 1929, im Jahr der Weltwirtschaftskrise, waren rund 25 Prozent der Berliner auf öffentliche Zuwendungen angewiesen. Das Bild der goldenen Zwanziger ist also in vielerlei Hinsicht bloßer Mythos.

Einen nicht unerheblichen Anteil an diesem Mythos hatte der Film. Das neue Medium war für alle Schichten interessant und erschwinglich. Allein 1919 lagen den Behörden Anträge für die Einrichtung von 615 Lichtspielhäusern vor. Die Stadt entwickelte sich zur Filmmetropole. In dieser Atmosphäre begann auch Marlene Dietrichs (1901–1992) Aufstieg zum Weltstar. Geboren wurde sie als Maria Magdalena von Losch in Schöneberg. Den größten Erfolg feierte sie 1930 mit dem Film »Der Blaue Engel« an der Seite von Emil Jannings unter der Regie von Josef von Sternberg, der ihr den Weg nach Hollywood ebnete. Die Universum-Film-AG, kurz UFA genannt, bei der auch der »Blaue Engel« produziert wurde, war mit ihren Studios vor den

Marlene Dietrich in »Der Blaue Engel«

Toren der Stadt in Neubabelsberg und in Tempelhof einer der größten Filmkonzerne der Zeit. Die UFA gehörte zum Hugenberg-Konzern. Alfred Hugenberg (1865–1951) hatte 1916 den Scherl-Verlag mithilfe von Krediten und Spenden der Schwerindustrie erworben und war durch seine Nachrichtenbüros wie die Telegraphen-Union oder die ALA-Anzeigenunternehmungen bald einer der einflussreichsten rechten Meinungsmacher in der Weimarer Republik. Knapp 40 Prozent der deutschen Zeitungen wurden 1925 durch seine Matern-Korrespondenz mit Inhalten versorgt. Hugenberg war mit seiner Meinungsmacht schließlich mitverantwortlich für den Aufstieg eines Mannes, der die deutsche Geschichte wie kein Zweiter umwälzen sollte: Adolf Hitler. Mit der von Hugenberg initiierten Harzburger

Front der konservativen und rechtsradikalen Gegner der jungen Weimarer Republik wurde der Nationalsozialismus gesellschaftsfähig.

Neben dem August Scherl Verlag gehörten bereits in der Kaiserzeit die Verlagshäuser Mosse, in dem das renommierte »Berliner Tageblatt« erschien, und Ullstein, unter anderen mit der »Vossischen Zeitung«, der »Berliner Morgenpost« und der »Berliner Illustrirten Zeitung«, zu den großen Zeitungsimperien. Ihre Vormachtstellung blieb auch in den Zwanzigerjahren erhalten. Die auflagenstärksten deutschen Zeitungen waren um 1926 die »Berliner Morgenpost« mit 600.000 und das »Berliner Tageblatt« mit 300.000 Exemplaren. Von der »Berliner Illustrirten Zeitung« wurden in Spitzenzeiten bis zu 1,6 Millionen Exemplare abgesetzt. Deutlichster Ausdruck des Selbstbewusstseins der Pressezaren waren die repräsentativen Verlagshäuser wie das von Mosse an der Ecke Jerusalemer Straße/Schützenstraße oder das neu errichtete Ullstein-Druckhaus in der Berliner Straße (heute Mariendorfer Damm) in Tempelhof.

Zu den Aufsteigern der Nachkriegszeit gehörte neben Hugenberg auch der bald als »roter Hugenberg« bekannte Pressezar der Linken Willi Münzenberg. Mit der »Welt am Abend«, der »Welt am Morgen« und der »Arbeiter-lllustrierten Zeitung«, von der pro Woche bis zu 400.000 Stück verkauft wurden, war er Hugenbergs einziger ernst zu nehmender Konkurrent aus dem linken Lager. Beide hatten gemeinsam, dass sie der Republik nicht eben freundlich gesinnt waren. Sie stehen damit stellvertretend für die Polarisierung und Radikalisierung der Weimarer Gesellschaft, die schließlich ihren Untergang befördern sollte.

Bei den Zeitungslesern hoch im Kurs waren die Theaterkritiken profilierter Schreiber wie Kurt Tucholsky, Alfred Kerr oder Maximilian Harden. In ihnen spiegelte sich die lebendige Thea-

Zeitungsstadt Berlin: eine Verkäuferin in ihrem Zeitungskiosk, 1928

terszene der Stadt mit ihren über 50 Bühnen wider. Max Reinhardt wirkte weiter stilbildend am Deutschen Theater, arbeitete außerdem am Großen Schauspielhaus, den Kammerspielen und übernahm bis 1931 noch die Komödie am Kurfürstendamm. Theaterautoren, die bereits vor dem Ersten Weltkrieg schriftstellerisch aktiv waren, konnten ihre großen Erfolge erst jetzt feiern, beispielhaft seien nur Carl Sternheim (»Die Hose«, »Bürger Schippel«) oder Georg Kaiser (»Die Bürger von Calais«, »Von morgens bis mitternachts«) genannt, die das Fundament für ihren Ruhm mit den Vorarbeiten im kaiserlichen Deutschland bereits gelegt hatten. Ein ehemaliger Schauspieler Max Reinhardts wollte mit dem Theater Kunst für die Massen schaffen: Erwin Piscator (1893–1966). Er gründete 1921 das Proletarische Theater, mit dem er auch gerade vor Arbeitern auftrat. Von 1924 bis 1927 war er Oberspielleiter der Volksbühne. Insbesondere durch seine scharfe Kritik an den sozialen Verhältnissen und den Einsatz unkonventioneller Mittel der Darstellung wie der Einblendung von Filmszenen erregte er Aufsehen.

Literarischer Blick auf eine Dekade

Es sind vor allem Namen von Schriftstellern, die wir noch heute mit dem, was wir Kultur der Weimarer Republik nennen, verbinden: Bertolt Brecht, Arnold Zweig, Arnolt Bronnen, Gottfried Benn, Nelly Sachs oder Erich Kästner. Viele von ihnen haben sich in ihren Werken mit der modernen Großstadt auseinandergesetzt.

»Am Alexanderplatz reißen sie den Damm auf für die Untergrundbahn. Man geht auf Brettern. Die Elektrischen fahren über den Platz die Alexanderstraße herauf durch die Münzstraße zum Rosenthaler Tor. Rechts und links sind Straßen. In den Straßen steht Haus bei Haus. Die sind vom Keller bis zum Boden mit Menschen voll. Unten sind die Läden. Destillen, Restaurationen, Obst- und Gemüsehandel, Kolonialwaren und Feinkost, Fuhrgeschäft, Dekorationsmalerei, Anfertigung von Damenkonfektion, Mehl und Mühlenfabrikate, Autogaragen, Feuersozietät: Vorzug der Kleinmotorspritze ist einfache Konstruktion, leichte Bedienung, geringes Gewicht, geringer Umfang. – Deutsche Volksgenossen, nie ist ein Volk schmählicher getäuscht worden, nie wurde eine Nation schmählicher, ungerechter betrogen als das deutsche Volk. Wisst ihr noch, wie Scheidemann am 9. November 1918 von der Fensterbrüstung des Reichstags uns Frieden, Freiheit und Brot versprach? Und wie hat man das Versprechen gehalten! – Kanalisationsartikel, Fensterreinigungsgesellschaft, Schlaf ist Medizin, Steiners Paradiesbett.«

»Die Elektrischen fahren über den Platz ...«. Der Alexanderplatz um 1925

So Alfred Döblins (1878–1957) Panorama der modernen Großstadt in »Berlin Alexanderplatz« (1929). Bis 1933 wurden von dem Roman in Deutschland rund 50.000 Exemplare verkauft, er wurde schon kurz nach Erscheinen in zahlreiche Sprachen übersetzt und 1931 unter der Regie von Phil Jutzi mit Heinrich George in der Hauptrolle in den UFA-Studios in Neubabelsberg und an Originalschauplätzen in Berlin verfilmt.

Einer neu entstandenen sozialen Gruppe setzte Hans Fallada mit seinem Roman »Kleiner Mann – was nun?« (1932) ein Denkmal: den Angestellten. Siegfried Kracauer hatte drei Jahre zuvor geschrieben: »Jedenfalls gelten für breite, im Angestelltenverhältnis befindliche Schichten ähnliche soziale Bedingungen wie für das eigentliche Proletariat. Es hat sich eine industrielle

Reservearmee der Angestellten gebildet.« Was auf die männlichen Angestellten wie Hans Falladas Held Johannes Pinneberg zutraf – die ständige Bedrohung durch Arbeitslosigkeit und sozialen Abstieg – galt erst recht für viele Frauen: Angestellte, Bürokräfte, Verkäuferinnen. Sie hatten grundsätzlich ein um zehn bis 15 Prozent geringeres Einkommen und das bei rund 48 Stunden Wochenarbeitszeit. Einen Anspruch auf Jahresurlaub gab es nicht. Ihnen setzte Irmgard Keun mit dem Roman »Das kunstseidene Mädchen« ein Denkmal.

Dass sich der mit den Zwanzigerjahren in der Stadt verbundene Mythos in der Popkultur immer wieder neu beleben und nutzen lässt, zeigt nicht zuletzt die aktuell erfolgreiche Serie Babylon Berlin. Sie knüpft, basierend auf den Romanvorlagen von Volker Kutscher, an die berühmten literarischen und filmischen Vorbilder jener Jahre an und bringt die Zeit und ihre Probleme einem neuen Publikum nahe.

Demokratie im Abwehrkampf

War die Arbeitslosenzahl in Berlin 1924 auf rund 70.000 gesunken, so lag sie 1926 schon wieder bei 230.000, bis Ende 1929 schwankte sie zwischen 150.000 und 200.000. Anfang April 1932 wurden in Berlin rund 603.000 Arbeitslose registriert – in einer Stadt, die im Winter 1929/30 rund 4,3 Millionen Menschen zählte. Die Wahl zur Stadtverordnetenversammlung am 17. November 1929 brachte keine wirklich spektakulären Veränderungen, aber sie zeigte den Trend der Zeit. Zwar blieben die Sozialdemokraten mit 64 Sitzen stärkste Kraft, aber die Kommunisten mit 56 Sitzen sowie die DNVP mit 40 und die NSDAP mit 13 Mandaten standen für eine Radikalisierung des Stadtparlaments. Berlin galt gemeinhin als Hochburg der »Roten«. Erst die Ernennung von Joseph Goebbels (1897–1945) zum Gauleiter im Jahr 1926

Arbeitslose beim Studium von Stellenanzeigen, um 1930

war der Startschuss zum – von den Nazis selbst so bezeichne-
ten – Kampf um Berlin. 1929 wurde Goebbels Fraktionschef der
Nationalsozialisten in der Stadtverordnetenversammlung im
Rathaus.

Vor allem durch spektakuläre Straßenkämpfe und Saal-
schlachten machten die Nazis und ihre SA von sich reden. Ein
erstes Signal zu diesem Kampf gab Goebbels 1927 mit seinem
Auftritt in den Pharussälen in der Weddinger Müllerstraße. Hier
hatten bisher nur die Kommunisten ihre Versammlungen abge-
halten, nun machte ihnen Goebbels' Schlägertruppe das Terrain
streitig. »Es war ein Abend, der die Bewegung in Berlin ent-
schied. Der Aufmarsch der deutschen Freiheitsbewegung in der
Reichshauptstadt hatte begonnen«, schrieb später der national-

sozialistische Autor Wilfrid Bade (1906–1945) über dieses Ereignis.

Während solche Straßenkämpfe zwischen Rechts und Links in den Arbeiterbezirken durchaus die öffentliche Wahrnehmung bestimmten, blieben die proletarischen Stadtteile mehrheitlich rot. Erfolgreicher bei Wahlen war die NSDAP von 1930 an in den bürgerlichen Bezirken. Entscheidenden Anteil an der »Eroberung der Stadt« hatte dabei auch das von Goebbels selbst redigierte Kampfblatt »Der Angriff«, das mit beißenden Attacken gegen die Republik und ihre Repräsentanten zu Felde zog.

Die Folgen der Weltwirtschaftskrise wussten sich die Nationalsozialisten zunutze zu machen. Die wirtschaftliche Lage Berlins in den frühen Dreißigerjahren war alles andere als rosig. So mussten kurz vor Weihnachten 1931 die Borsig-Werke die Entlohnung ihrer Belegschaft einstellen. Die Stadt Berlin veräußerte Aktien der kommunalen Elektrizitätswerke BEWAG, um weiter zahlungsfähig zu sein. Ein finales Signal auf kommunalpolitischer Ebene setzte der BVG-Streik von 1932, bei dem Kommunisten und Nationalsozialisten wegen angekündigter Lohnkürzungen gemeinschaftlich gegen den städtischen Arbeitgeber vorgingen. Es kam im Zuge des Streiks bei bewaffneten Konfrontationen sogar zu Schwerverletzten und einem Toten. Die unmittelbaren Auswirkungen des Streiks waren gering, wichtiger war die symbolische Kraft, mit der die Gegner der Republik hier bei einer Aktion zusammenfanden.

Die Krise der Republik wurde vor allem in Berlin augenfällig, wenn auch der preußische Staat nach wie vor unter seinem sozialdemokratischen Ministerpräsidenten Otto Braun eine wichtige Stütze der Demokratie war. Der von Hindenburg ernannte Reichskanzler Franz von Papen nahm den Straßenterror am 20. Juli 1932 zum Anlass, die Regierung Braun abzusetzen.

Kommunisten und Nationalsozialisten gingen während des BVG-Streiks im November 1932 gemeinsam vor.

Mit diesem Staatsstreich von oben, dem sogenannten Preußenschlag, räumte Papen eine der letzten Bastionen der Demokratie aus dem Weg.

Die kurz darauf folgende Wahl zum Reichstag brachte erstmals den antidemokratischen Kräften im Parlament die absolute Mehrheit. Die NSDAP erhielt 37,4 Prozent der Stimmen, die KPD 14,6 Prozent. Das Ende der Weimarer Republik kam allerdings erst mit der Ernennung Adolf Hitlers am 30. Januar 1933 zum Reichskanzler. Die Nazis feierten diesen Tag, den sie in Verkehrung der Tatsachen als den der »Machtergreifung« bezeichneten, mit einer für sie typischen Inszenierung: Sie ließen einen Fackelzug aus SA-Leuten durch das Brandenburger Tor in die Wilhelmstraße einmarschieren.

MIT »SIEG HEIL«
IN DEN UNTERGANG
Die Stadt im Nationalsozialismus

Die Nazis erobern die Stadt

»Es ist so weit. Wir sitzen in der Wilhelmstraße. Hitler ist Reichskanzler. Wie im Märchen«, kommentierte der Gauleiter von Berlin, Joseph Goebbels, den 31. Januar 1933 in seinem Tagebuch.
»Gestern Mittag Kaiserhof: wir warten alle. Endlich kommt er.
Ergebnis: Er Reichskanzler, Frick Reichs-, Göring preuß. Innen.
Der Alte hat nachgegeben. Er war zum Schluss ganz gerührt. So
ist's recht. Jetzt müssen wir ihn ganz gewinnen. Uns allen stehen
die Tränen in den Augen. Wir drücken Hitler die Hand. Er hat's
verdient. Großer Jubel. Unten randaliert das Volk. Gleich an die
Arbeit. Reichstag wird aufgelöst. In 4 Wochen Neuwahl.«

Der »Alte«, Reichspräsident Paul von Hindenburg (1847–
1934), hatte Hitler an jenem Abend zum Reichskanzler ernannt.
Als mächtigster Mann im neuen Kabinett galt damals noch Alfred Hugenberg, der Pressezar. Goebbels kommentierte dies in
seinen Aufzeichnungen mit »das sind Schönheitsfehler. Müssen
ausradiert werden«. Tatsächlich hatten die beiden NSDAP-Leute Wilhelm Frick und Hermann Göring im Kabinett, als Reichsinnenminister beziehungsweise kommissarischer Preußischer
Innenminister, echte Schlüsselpositionen inne: Sie waren für die
Sicherheitskräfte im Land verantwortlich.

Dass die Nazis Berlin von da an als eine ihrer wichtigsten
Bühnen gebrauchten, kann nicht darüber hinwegtäuschen,

Menschenmenge vor dem Hotel Kaiserhof nach der Ernennung Hitlers zum Reichskanzler

dass die Stadt keineswegs eine ihrer Hochburgen war. Bei den Reichstagswahlen im November hatten zwar rund 25,9 Prozent der Wahlberechtigten in Berlin für die NSDAP gestimmt, 31 Prozent aber für die KPD. Im gesamten Reich hatten die Nazis bei dieser Wahl dagegen schon einen Stimmenanteil von 33, die KPD von 16,8 Prozent. Anschaulich machen diese Zahlen vor allem eines: dass die republikfeindlichen Kräfte in dieser Phase über eine absolute Mehrheit der Stimmen verfügten. Der Parteiapparat der NSDAP in Berlin selbst war, trotz der Propagandaarbeit Goebbels', noch vergleichsweise schwach ausgestattet. So zählte der Gau Groß-Berlin im Jahr 1931 erst rund 16.000 Mitglieder, während zur selben Zeit in Sachsen schon über 40.000 registriert waren. Doch waren sie in der Reichshauptstadt straff organisiert. Insbesondere die SA galt als hart und »sturmerprobt«.

Zugriff auf den preußischen Polizeiapparat hatten die Nazis durch Göring. Nach einem Besuch Görings im Berliner Polizeipräsidium wurde der bis dahin amtierende Polizeichef durch einen NS-Parteigenossen ersetzt. Die Polizei sollte jetzt gegen die von den Nazis so bezeichneten »Staatsfeinde« eingesetzt werden. Loyale Beamte wurden entlassen, an ihre Stelle traten »Hilfspolizisten« aus den Reihen von SA und SS.

Vor diesem Hintergrund konnte die SA nun ungestört gegen ihre politischen Gegner vorgehen. Es kam im ganzen Reich zu Aktionen gegen Sozialdemokraten, Kommunisten, unliebsame Intellektuelle und jüdische Mitbürger. In Berlin entstanden in kurzer Zeit zahlreiche sogenannte wilde Konzentrationslager, aber auch in vielen Sturmlokalen der SA, ihren ehemaligen Versammlungsräumen, kam es zu Misshandlungen und Mord.

Den rechtlichen Rahmen für diese Ausschreitungen schufen sich die Nazis schon sehr bald selbst. Nach dem Reichstagsbrand am 27. Februar 1933 wurde am 28. Februar aufgrund eines Kabinettsbeschlusses von Reichspräsident von Hindenburg eine »Verordnung zum Schutz von Volk und Staat« erlassen, die gegen den »Verrat am deutschen Volke und hochverräterische Umtriebe« gerichtet war. Mit ihr wurden die politischen Grundrechte der Weimarer Verfassung außer Kraft gesetzt und eine Art Ausnahmezustand verhängt. Dass die Täterfrage der Brandstiftung im Reichstag bis heute nicht abschließend geklärt ist, spielte für die politische Instrumentalisierung des Vorfalls keine Rolle. Als Täter wurde der Öffentlichkeit der Holländer Marinus van der Lubbe präsentiert und am 23. Dezember 1933 vom Reichsgericht in Leipzig zum Tode verurteilt. Noch in der Nacht des Reichstagsbrands wurden Tausende von Opposi-

Blick vom Brandenburger Tor auf das brennende Reichstagsgebäude

tionspolitikern verhaftet und später unter anderem in das nördlich von Berlin gelegene KZ Oranienburg verbracht. Aber auch innerhalb des Stadtgebiets entstanden solche Gefängnisse. Berüchtigt waren neben anderen das Columbiahaus am Flughafen Tempelhof, das unter der Regie der SS stand, das Gebäude der SA-Führung in der Hedemannstraße in Kreuzberg und auch das Hauptquartier der SA-Feldpolizei in der General-Pape-Straße in Tempelhof.

Während der sogenannten Köpenicker Blutwoche, einer SA-Aktion im Juni 1933, wurden mindestens 23 Menschen ermordet. Die SA hatte sie in ihre Sturmlokale sowie ins Amtsgerichtsgefängnis verschleppt. Die meisten von ihnen gehörten der SPD oder der KPD an, unter ihnen zum Beispiel der ehemalige sozialdemokratische Ministerpräsident von Mecklenburg Johannes Stelling. Weitere 70 Opfer, die spurlos verschwunden blieben, sind vermutlich ebenfalls ermordet worden.

Trotz massiver Gewalt errangen die Nationalsozialisten bei den Reichstagswahlen vom 5. März 1933 keine absolute Mehrheit, sie kamen im Reich auf 43,9 Prozent der Stimmen, in Berlin auf 34,6 Prozent. Zusammen mit ihrem Koalitionspartner DNVP erreichten sie allerdings 51,9 Prozent der Stimmen reichsweit.

Gleichschaltung und Judenverfolgung

Den letzten Schritt auf dem Weg zur absoluten Macht in Deutschland taten die Nationalsozialisten dann mit der Inszenierung des Tags von Potsdam. Bei einem feierlichen Staatsakt in der Potsdamer Garnisonkirche am 21. März 1933 erwies der Reichskanzler Adolf Hitler dem ehemaligen Generalfeldmarschall und amtierenden Reichpräsidenten Paul von Hindenburg seine Reverenz. Durch diesen Schulterschluss zwischen traditionellem Preußentum und nationalsozialistischer Bewegung sollten die konservativen und bürgerlichen Kreise mit der neuen Macht versöhnt werden.

Eine damals verbreitete Postkarte stellte Hitler in eine Reihe mit Friedrich II. und Bismarck. Dieser propagandistische Akt sollte letztlich nur die Verabschiedung des »Gesetzes zur Behebung der Not von Volk und Reich« (Ermächtigungsgesetz) vorbereiten, mit dem sich zwei Tage später der nun in der Kroll-Oper tagende Reichstag selbst ausschaltete. Lediglich die Abgeordneten der SPD stimmten dagegen, sämtliche Vertreter der KPD waren ohnehin bereits verhaftet. Das Gesetz ermöglichte es Hitler, ohne Zustimmung des Parlaments oder Gegenzeichnen des Reichspräsidenten Gesetze zu erlassen. Der Rechts- und Verfassungsstaat der Weimarer Republik war damit beseitigt.

Hitler und von Hindenburg vor der Potsdamer Garnisonkirche

Nun setzten Maßnahmen ein, die nur mit dem Begriff der Gleichschaltung bezeichnet werden können. Sie betrafen auch die Strukturen der kommunalen Verwaltung. Der Berliner Oberbürgermeister Heinrich Sahm blieb zunächst im Amt, vermutlich vor allem, weil er Mitglied der DNVP war und über gute Verbindungen zu Hindenburg verfügte, aber er bekam einen Staatskommissar zur Seite gestellt, der innerhalb der Stadtverwaltung nicht mehr erwünschte Beamte aussonderte. Julius Lippert, bisher Vorsitzender der Stadtverordnetenfraktion der NSDAP, erfüllte diese Aufgabe gründlich.

Hinter der »Gleichschaltung der Länder mit dem Reich« verbarg sich kraft des Ermächtigungsgesetzes ein Staatsstreich von oben gegen die föderalen Strukturen in Deutschland. Später erfuhr der Begriff eine Ausweitung auf sämtliche Maßnahmen, mit denen Organisationen, Institutionen, Verbände und Vereine den neuen Machtverhältnissen angepasst wurden oder sich den neuen Machthabern – leider allzu oft – freiwillig andienten: Von dieser Gleichschaltung wurden oder ließen sich alle, vom Kleintierzüchter bis zum Schriftsteller, erfassen.

Aktionen der NSDAP wurden, generalstabsmäßig geplant, propagandistisch begleitet. Zu diesem Zweck hatten die Nazis eigens ein neues Ministerium geschaffen, dessen Chef am 13. März 1933 der Gauleiter von Berlin, Joseph Goebbels, wurde. Dieses Ministerium bekam Kompetenzen aus verschiedenen Geschäftsbereichen anderer Behörden übertragen und konnte so im Laufe der Zeit großen Einfluss auf Presse, Rundfunk, Film sowie alle Kulturschaffenden gewinnen.

Einen ersten großen Auftritt hatte der Minister am Tag der von der Studentenschaft organisierten Bücherverbrennung in Berlin. Hier wurden am 10. Mai 1933 im Zuge der »Aktion wider den undeutschen Geist« auf dem Opernplatz die Werke verfemter Schriftsteller in die Flammen geworfen. Unter ihnen die von Karl Marx, Sigmund Freud, Heinrich und Thomas Mann, Erich Kästner, Erich Maria Remarque, Carl von Ossietzky und Kurt Tucholsky. Ihre Werke sowie viele weitere wurden verboten.

Zu den ersten Opfern der neuen Machthaber in Berlin wie im ganzen Reich gehörten die Juden. Der »Judenboykott« am 1. April 1933 hatte deutlich gemacht, dass es sich bei den ersten Willkürakten nicht um vereinzelte Übergriffe gehandelt hatte, sondern dass es den Nazis um die systematische Ausschaltung der jüdischen Mitbürger aus der Gemeinschaft ging. An diesem Tag hatte die NSDAP zum Boykott jüdischer Geschäfte, Ärzte und Anwälte aufgerufen. Vor den Geschäften waren SA-Leute postiert, die diesem Aufruf – wenn nötig mit Gewalt – Nachdruck verleihen sollten.

*SA-Männer fordern mit Plakaten zum Boykott jüdischer Geschäfte auf,
1. April 1933.*

»Ein Erlebnis anderer Art hatte ich in der Steglitzer Schloß-
straße«, erinnerte sich Bernt von Kügelgen. »Im Sommer 1934
ging ich dorthin, um etwas zu kaufen, und sah einen riesigen Da-
vidsstern quer über das ganze Schaufenster geschmiert. Dahinter erkannte ich den Besitzer: schattenhaft, ein wenig gekrümmt
stand er hinterm Ladentisch und blickte traurig zur Straße. Er
hatte nichts zu tun. Es kamen keine Kunden. (…) Einige Wochen
später geriet ich nicht mehr in Verlegenheit, das Geschäft zu betreten. Den Judenstern hatte man entfernt, den Laden enteignet.
Ein Fremder, ein ›Arier‹, stand vor den dekorativ angeordneten
Farbstiften. Meine Einkäufe tätigte ich fortan im Kaufhaus des
Westens am Wittenbergplatz.«

Insgesamt lebten im Reich zu diesem Zeitpunkt etwa 500.000 Juden, ein Drittel von ihnen in Berlin. Allerdings waren sie für das wissenschaftliche, wirtschaftliche und kulturelle Leben der Stadt von überproportionaler Bedeutung. Sie hatten mit ihrem Wirken die produktiven Jahre der Weimarer Republik entscheidend mitgeprägt. Albert Einstein und Max Reinhardt gehörten ebenso dazu wie die profilierten Verleger Samuel Fischer, Rudolf Mosse oder der Chefredakteur des »Berliner Tageblatts« Theodor Wolff. Sie alle wurden mit Berufsverbot belegt, aus dem öffentlichen Leben verbannt und ihre Unternehmen enteignet.

Mit den Nürnberger Gesetzen degradierte man die Juden in Deutschland endgültig zu Staatsbürgern zweiter Klasse. Diese auf dem Reichsparteitag 1935 verabschiedeten Verordnungen stellten unter anderem die Eheschließung zwischen Juden und »Deutschblütigen« unter Strafe. Die Reichsbürgerschaft wurde über die Staatsbürgerschaft gestellt, das heißt, dass *Arier* nun besondere politische Rechte erhielten, die den Juden als bloßen Staatsbürgern nicht gewährt wurden. Die Verfolgung wurde bis zur sogenannten Reichskristallnacht, einem organisierten Pogrom in der Nacht vom 9. zum 10. November 1938, immer weiter verschärft. In dieser Nacht wurde das Gros der verbliebenen jüdischen Geschäfte in Berlin zerstört, die Berliner Synagogen in Brand gesteckt und rund 12.000 Juden aus Berlin in Konzentrationslager deportiert. Die Auswanderungsbewegung nahm nach diesen Ereignissen im November nochmals erheblich an Stärke zu. 1933 hatten in der Stadt noch rund 160.000 jüdische Bürger gelebt, das waren etwa 3,78 Prozent der Bevölkerung. 1937 waren es immerhin, nach dem Aderlass der Emigration, noch rund 140.000, im Juli 1939 dann noch ungefähr 75.000.

Von Berlin aus planten und organisierten die Nationalsozialisten ihr größtes Verbrechen: den systematischen Massenmord

Zerstörtes jüdisches Geschäft in der Friedrichstraße nach der »Reichskristall-nacht«, einem organisierten Pogrom in der Nacht vom 9. auf den 10. November 1938

an den Juden in Europa. Am 20. Januar 1942 fand die sogenannte Wannsee-Konferenz in einer vom Reichssicherheitshauptamt (RSHA) genutzten Villa am Großen Wannsee statt. Verschiedene Mitarbeiter dieses Amtes und der SS, unter ihnen Reinhard Heydrich und Adolf Eichmann, kamen an diesem Tag zusammen, um Fragen zu klären, die im Zusammenhang mit dem bereits begonnenen Massenmord in Osteuropa aufgetreten waren. Das Verbrechen wurde mit der Bezeichnung »Endlösung der Judenfrage« getarnt. In der Villa Am Großen Wannsee 56–58 befindet sich heute eine Gedenk-und Bildungsstätte, die die Erinnerung an den Holocaust wachhalten will.

Vom »Fest der Völker« zu »Germania«

Doch allein mit Terror und Repressionen hätte sich das Regime nicht an der Macht halten können, es bedurfte auch positiver Identifikationsmöglichkeiten. Auch für diese Propagandademonstration eines aus der Weltwirtschaftskrise und den Kämpfen der Weimarer Republik entstandenen neuen Deutschland bot Berlin als Reichshauptstadt die beste Kulisse.

An erster Stelle sind dabei die XI. Olympischen Spiele von 1936 zu nennen, die schon vor dem Machtantritt der Nazis an Berlin vergeben worden waren und trotz vielfältiger Boykottaufrufe stattfanden. Sie nutzte das Regime zur Selbstdarstellung. Antisemitische Parolen wurden für die Dauer der Spiele aus dem Stadtbild entfernt, der Verkauf des Hetzblattes »Der Stürmer« untersagt, mit dem Ziel, der internationalen Öffentlichkeit ein letztes Mal das Bild eines friedlichen Deutschland vorzugaukeln. Mit dem von Werner und Walter March entworfenen Reichssportfeld, das unter anderem das Olympiastadion, eine Freilichtbühne (die heutige Waldbühne) und ein Aufmarschgelände (das Maifeld) umfasste, entstanden die ersten Bauten des Dritten Reichs. Auch wenn die ursprünglichen Planungen schon weit in die Zeit vor der Machtergreifung zurück reichten, so gelang es den Nazis doch, das Neuentstandene als eine Leistung ihres Regimes zu verkaufen. Dies war nicht zuletzt durch den geschickten Einsatz moderner Medien wie Rundfunk, Film und – in einer Erprobungsphase – auch Fernsehen möglich. Vor allem die mediale Darstellung der »Großtaten« in aller Welt machte sich für das Image des Regimes positiv bemerkbar. Es gab rund 368 Rundfunkübertragungen von den Olympischen Spielen in Europa und fast 800 nach Übersee. Ein dauerhaftes filmisches Denkmal setzte Leni Riefenstahl (1902–2003) diesem Ereignis mit ihrem zweiteiligen Olympiafilm »Fest der Völker«

Im Lustgarten wird das Olympische Feuer entzündet. Im Hintergrund ein
Spielmannszug und eine Abordnung der Hitlerjugend vor dem Berliner Dom

und »Fest der Schönheit«, der am 20. April 1938 im Ufa-Palast
am Zoo uraufgeführt wurde.

Die Schattenseiten des Regimes waren während der Olympischen Spiele nur verdeckt, nicht wirklich aufgehellt. So wurden
die Spiele beispielsweise zum Anlass genommen, alle Sinti und
Roma aus Berlin in einem Lager in Marzahn zu internieren. Von
dort wurden sie später ins Vernichtungslager nach Auschwitz
deportiert.

Die nächste große Gelegenheit zur Selbstdarstellung bot
sich anlässlich des 700-jährigen Stadtjubiläums von Berlin 1937,
das ganz zur Bühne des Gauleiters und »ersten Mannes an der
Spree«, Goebbels, wurde. Ein etwas kurioses Erbstück aus diesem Jahr war das lebendige Berliner Wappentier mit seinem Bä-

renzwinger hinter dem Märkischen Museum. Dessen Stiftung wurde durch einen »Offenen Brief an Stadtvater Lippert« anlässlich der 700-Jahrfeier ausgelöst, an der sich die Boulevardzeitung B.Z. federführend beteiligte. Der Briefschreiber stellte darin fest, dass den Berlinern etwas Entscheidendes zu ihrem Glück fehle: »(...) einen lebendigen Berliner Bär haben wir nicht, der uns gehört, uns Berlinern ganz allein, zu dem wir unsere Freunde aus anderen Städten und anderen Ländern führen können; und dann stehen wir vor dem Zwinger und sagen ganz leise: komm her, Petz, und sag dem Herrn schön guten Tag, er ist aus London! Und also, wir wissen, dass wir keine Fehlbitte tun: Lieber Stadtvater Lippert, schenken Sie den Berlinern ihren Bären.« 2015 wurde die letzte Berliner Stadtbärin, Schnute, eingeschläfert, der Zwinger wird seither als Veranstaltungs- und Ausstellungsraum genutzt.

Ein bauliches Großprojekt, das von den neuen Machthabern angeregt wurde, ist das Abfertigungsgebäude des Flughafens Tempelhof, das heute noch erhalten ist. Für dieses Projekt erhielt der Architekt Ernst Sagebiel (1892–1970) im Jahr 1935 den Zuschlag. Obwohl als Flughafen ursprünglich eine kommunale Anlage, war den Nationalsozialisten der Ausbau des Airports als internationales Aushängeschild so wichtig, dass sie ihn aus dem Etat des neu gegründeten Reichsluftfahrtministeriums mit Rüstungsmitteln finanzierten.

Weit gewaltiger als die realisierten Projekte waren jedoch die geplanten. Berlin sollte in naher oder ferner Zukunft zur Machtzentrale eines »großgermanischen Weltreiches« werden und dann Germania heißen. Eigens zu diesem Zweck rief man eine Behörde ins Leben, den »Generalbauinspektor für die Reichshauptstadt Berlin« (GBI) mit ihrem Leiter Albert Speer (1905–1981). Bei ihren Planungen nahm die Behörde auf gewachsene

Die Siegessäule an ihrem neuen Standort. Auch die Kandelaber an der heutigen Straße des 17. Juni stehen noch immer.

städtische Strukturen keinerlei Rücksicht. Herzstück sollten große Straßenachsen in Ost-West- sowie Nord-Süd-Richtung durch Berlin sein. An der Kreuzung der Potsdamer Straße und der neuen Nord-Süd-Achse hatte Speer einen gewaltigen Runden Platz projektiert. Der Abriss ganzer Häuserblocks, etwa im Alsenviertel, an der Linkstraße und der Potsdamer Straße, gehörte zu vorbereitenden Maßnahmen, die tatsächlich noch zur Ausführung kamen.

Von den Arbeiten an der Ost-West-Achse heute noch zu sehen sind zum einen die Kandelaber an den Straßenzügen Bismarckstraße und Straße des 17. Juni sowie die Siegessäule mit ihrem heutigen Standort am Großen Stern. Bis 1939 stand sie auf dem Königsplatz in unmittelbarer Nähe des Reichstages, wurde dann auf die neue Sichtachse versetzt und aufgrund der erwarteten städtebaulichen Dimensionen um ein Säulensegment aufgestockt. Eine eher kuriose Hinterlassenschaft aus dieser Zeit ist der sogenannte Schwerbelastungskörper, heute noch in der General-Pape-Straße in Tempelhof zu bewundern. Hier wurde, mit dem Ziel, die Belastbarkeit des märkischen Sandes für einen riesigen Triumphbogen zu testen, ein mehrere Tausend Tonnen schwerer runder Klotz aus Beton in die Landschaft gesetzt, der Bombenkrieg und Abrisswut bis heute überstanden hat. Herzstück von Germania wäre die Große Halle des Volkes geworden, die mit fast 300 Metern Höhe (der Fernsehturm misst heute 365 Meter!) fast 180.000 Menschen hätte Platz bieten sollen. Ihr Standort war in der Nähe des Reichstagsgebäudes an der Spree vorgesehen.

Andere Spuren der Repräsentationssucht der Nazis im Stadtbild sind durch Kriegseinwirkungen verschwunden. So zum Beispiel die von Albert Speer entworfene und gebaute Neue Reichskanzlei in der Voßstraße, in der Hitler von 1939 an seinen Amtssitz hatte. Sie wurde in der Nachkriegszeit nach und nach abgerissen. Lediglich das wiederverwendete Baumaterial ist heute noch im Stadtbild präsent: Marmor und Kalkstein fanden Verwendung beim Bau des Sowjetischen Ehrenmahls im Treptower Park sowie bei der Neugestaltung des U-Bahnhofs Thälmannplatz (ehemals Kaiserhof), heute Mohrenstraße.

Im Umfeld der Wilhelmstraße kann man heute noch große Bauteile des Propagandaministeriums sehen. Hier residiert nun zwischen Mauer- und Wilhelmstraße das Bundesministerium für Arbeit und Soziales. Auch das von Ernst Sagebiel entworfene Reichsluftfahrtministerium an der Ecke Wilhelm-/Leipziger Straße, heute Amtssitz des Bundesfinanzministers, kann ein Stück weiter südlich noch in Augenschein genommen werden.

3D-Rekonstruktion der von Speer geplanten »Welthauptstadt Germania« mit der gigantischen Kongresshalle

Unmittelbar daran schließt sich das sogenannte Prinz-Albrecht-Gelände an, von Niederkirchner-, Wilhelm- und Anhalter Straße begrenzt. Hier hatten Behörden ihren Sitz, die maßgeblich an den nationalsozialistischen Verbrechen beteiligt waren, wie die Geheime Staatspolizei (Gestapo) oder der Reichsführer SS (Himmler). Auf diesem Trümmergrundstück betreibt seit Jahren das Dokumentationszentrum Topographie des Terrors Bildungs- und Aufklärungsarbeit.

Bombenkrieg und Widerstand

Als am 1. September 1939 mit dem Überfall auf Polen der Zweite Weltkrieg begann, gab es auf den Straßen Berlins keine dem Jahr 1914 vergleichbare Kriegsbegeisterung. Gleich von Beginn des

Krieges an galt es, die Verdunkelung streng einzuhalten, was zu Einschränkungen des privaten und öffentlichen Lebens führte. Des Weiteren wurden Lebensmittelkarten eingeführt, um den Verbrauch von Nahrungsmitteln genau steuern zu können. Wie problematisch die Versorgungslage tatsächlich war, musste den Berlinern spätestens klar werden, als im Frühjahr 1940, initiiert durch eine Kampagne, auf öffentlichen Plätzen, in Vorgärten und Parkanlagen Nahrungsmittel angebaut wurden. Am bekanntesten dabei war sicher die Kartoffelzucht auf dem Gendarmenmarkt.

Bereits Anfang August 1940 hatte die deutsche Luftwaffe Ziele in England angegriffen. Mit dem ersten geschlossenen Bomberangriff auf Berlin in der Nacht vom 25. auf den 26. August 1940 sollte dafür Vergeltung geübt werden. Allerdings erreichten nur wenige Maschinen ihr Ziel und nur etwa 22 Tonnen Bomben fielen auf die nördlichen Stadtteile. Als Reaktion auf diesen Angriff befahl Hitler am 9. September den Bau von Flaktürmen im Stadtgebiet, die den Überflug feindlicher Bomber über die Innenstadt verhindern beziehungsweise erschweren sollten. Es entstanden die monumentalen Bauten der Flaktürme am Zoo sowie am Humboldt- und am Friedrichshain, die zwischen Oktober 1940 und April 1942 gebaut wurden. Wie gigantisch diese Anlagen waren, lässt sich heute noch am S-Bahnhof Gesundbrunnen im Volkspark Humboldthain erahnen. Dort ragt ein Teil des Flakturms in den Berliner Himmel und dient als Aussichtsplattform.

Trotz der noch geringen Reichweite der britischen Bomber gab es bis Ende September 1940 in Berlin schon über 500 Bombenopfer und über 1.600 Gebäude waren total zerstört. Die Jahre 1941 und 1942 waren für die Stadt, was den Luftkrieg anging, eher ruhig: Es gab deutlich weniger Luftalarme. Zwar kam es

Der Flakturm am Zoo vor seinem Abriss 1948

auch in diesen Jahren zu erheblichen Schäden – so wurden im September 1941 Potsdamer Bahnhof und Potsdamer Platz stark zerstört –, aber die groß angelegten Angriffe blieben aus, da sich die britische Royal Air Force zunächst auf die Ruhrgebietsstädte und Norddeutschland konzentrierte.

Im März 1943 waren bei intensivierten Angriffen auf die Stadt rund 700 Berliner ums Leben gekommen, und die Wende zum Schlimmeren kam für Berlin im Sommer 1943. Die Bilanz der nun von England und den USA geführten *Battle of Berlin* liest sich erschreckend: Es waren 16 Großangriffe geflogen worden, bei denen die RAF fast 4.000 Soldaten verlor. Am Boden forderten die Angriffe 6.166 Tote und 18.431 Schwerverletzte. In Berlin wurden 1,5 Millionen Menschen obdachlos und 9,5 Quadratkilometer Stadtfläche zerstört. Angriffsziele waren dabei immer wieder das Regierungsviertel, die Verwaltungszentren in der Innenstadt, aber auch Industriezentren wie das Daimler-Benz-Werk in Marienfelde und Teile der Siemenswerke in Siemensstadt. Betroffen waren auch dicht besiedelte Wohngebiete rund um den Alexanderplatz, das Hansaviertel oder Charlottenburg, um nur einige zu nennen.

Die Gesamtbilanz des Luftkriegs geht von rund 50.000 Toten in Berlin aus. Groß-Berlin hatte 39 Prozent seines Wohnungsbestandes verloren, 28,5 Quadratkilometer Stadtfläche waren ein Trümmerfeld. Am stärksten betroffen war dabei der Bezirk Mitte, in dem rund 70 Prozent der Wohnungen zerstört wurden.

Während des Krieges waren die Verbrechen an den jüdischen Mitbürgern auch in Berlin noch weiter verschärft worden. Nach dem Überfall der Wehrmacht auf die Sowjetunion und dem Kriegseintritt der USA schienen alle Schranken gefallen. Schon seit April 1939 mussten viele Juden ihre Wohnungen verlassen und wurden in sogenannten Judenhäusern ghettoisiert. Vom 18. Oktober 1941 an begannen in der Reichshauptstadt die Deportationen nach Auschwitz und in die übrigen Konzentrations- und Vernichtungslager. Die Transporte gingen von den Güterbahnhöfen Putlitzstraße und Grunewald ab. Von den noch verbliebenen rund 73.000 Berliner Juden überlebten nur etwa 6.000 den Krieg, die meisten von ihnen geschützt durch einen nicht-jüdischen Ehepartner. Etwa 1.400 hatten den Krieg in Verstecken, in der Illegalität überstanden.

Vielfach wird Berlin als Zentrum des Widerstands in der NS-Zeit bezeichnet. Die Stadt – traditionell eine Hochburg der Linken – beherbergte tatsächlich eine erkleckliche Anzahl von Widerstandsgruppen und bot eine gewisse Anonymität für illegale Aktivitäten. Mit am bekanntesten dürfte der Berliner Wi-

Das zerstörte Brandenburger Tor

derstandskreis Rote Kapelle um Arvid Harnack (1901–1942) und
Harro Schulze-Boysen (1909–1942) sein. Die Hilfe für Verfolgte
gehörte ebenso zu ihren Aktivitäten wie die Dokumentation von
nationalsozialistischen Verbrechen. Im Frühjahr 1941 warnten
Harnack und Schulze-Boysen sowjetische Stellen vor den deutschen Angriffsvorbereitungen, im Herbst des nächsten Jahres
wurden über 120 Angehörige der Roten Kapelle verhaftet und
49 von ihnen zum Tode verurteilt, darunter auch Harnack und
Schulze-Boysen. Sie wurden in Plötzensee hingerichtet.

Neben dieser Widerstandsgruppe hatten unter anderem auch
die Bekennende Kirche um den Dahlemer Pfarrer Martin Nie-
möller oder die Saefkow-Jacob-Bästlein-Gruppe um die ehemaligen KPD-Funktionäre Anton Saefkow, Franz Jacob und

Bernhard Bästlein in Berlin ihr Zentrum. Auch das Attentat vom 20. Juli 1944 ist eng mit Berlin verbunden. Dies allerdings hauptsächlich deshalb, weil die Regierungs- und Schaltzentralen, gegen die sich der Staatsstreich wandte, eben ihren Sitz in der Reichshauptstadt hatten. Zwar detonierte die von Claus Graf Schenk von Stauffenberg eingeschmuggelte Bombe im Führerhauptquartier in Ostpreußen, das logistische Zentrum der Verschwörer aber, zu denen auch der Sozialdemokrat Julius Leber (1891–1945) und der ehemalige Leipziger Oberbürgermeister Carl Friedrich Goerdeler (1884–1945) gehörten, befand sich an jenem Tag im Bendlerblock, dem Sitz des Befehlshabers des Ersatzheeres. Heute residiert dort – mit Blick auf den Landwehrkanal – das Bundesverteidigungsministerium, das sich für die Traditionspflege der Bundeswehr gern auf Widerständler wie von Stauffenberg beruft, die zu den wenigen bekannten Repräsentanten des *anderen* Deutschland in jener Zeit gehören. Als Reaktion auf den gescheiterten Staatsstreich vom 20. Juli begann eine umfassende Verfolgung von Anhängern und Sympathisanten. Bis zu 700 Personen wurden dabei verhaftet, rund 180 von ihnen hingerichtet. Der Versuch, Deutschland vor einer drohenden totalen Niederlage zu bewahren, war damit gescheitert. Längst befand sich das Deutsche Reich an allen Fronten auf dem Rückzug.

Das Ende

Unter den Alliierten wurde derweil längst über eine neue Nachkriegsordnung für Europa diskutiert.

Auf der Konferenz von Jalta vom 4. bis zum 11. Februar 1945 bestätigten die Regierungschefs von Großbritannien, der UdSSR und den USA die »Londoner Protokolle«. Darin wurde festgehalten, dass das Gebiet von Groß-Berlin, so wie es durch die

Nach der Eroberung Berlins weht auf dem Reichstag die Rote Fahne.

Verwaltungsreform im Jahr 1920 umrissen wurde, in drei Sektoren unter den Siegermächten aufgeteilt werden sollte.

Im 1. Februar des Jahres 1945 hatten die Nazis Berlin zum »Verteidigungsbereich« erklärt. Berlin sollte durch Verteidigungsstellungen an Oder und Neiße sowie Verteidigungsgürtel in und um die Stadt zur Festung gemacht werden. Vor allem die 9. Armee sowie die 3. und 4. Panzerarmee nördlich und südlich davon standen bereit. Sie sollten durch Angehörige des Volkssturms, des letzten Aufgebots aus Alten, Jugendlichen und Kindern, unterstützt werden. Am 16. April begann mit dem Kampf an den Seelower Höhen, rund 50 Kilometer östlich von Berlin, die Entscheidungsschlacht um die Hauptstadt. Schon wenige Tage später erreichte die Rote Armee den nordöstlichen Stadtrand. Die Aufforderung, zu kapitulieren, wurde zunächst abgelehnt, und so rückten die sowjetischen Truppen im Straßenkampf langsam auf das Zentrum der Stadt zu.

Die Niederlage des Dritten Reichs ließ sich nicht mehr abwenden. Daran änderte auch die letzte Frontzeitung »Der Panzerbär« nichts mehr, die vom 22. bis zum 29. April als Durchhalteblatt noch in der Stadt gedruckt wurde. Am 30. April beging Hitler im Führerbunker unter der Reichskanzlei Selbstmord. Auch der Gauleiter von Berlin, der zwei Jahre zuvor im Sportpalast den »Totalen Krieg« verkündet hatte, brachte sich und seine Familie wenig später um. Der Stadtkommandant von Berlin, General der Artillerie Helmuth Weidling, kapitulierte am 2. Mai 1945.

In der Nacht vom 8. zum 9. Mai wurde im sowjetischen Hauptquartier in Berlin-Karlshorst im Namen des deutschen Oberkommandos der Wehrmacht die Kapitulationsurkunde unterschrieben – andere Teilkapitulationen und die Unterzeichnung eines ähnlichen Dokuments im US-Hauptquartier in Reims waren bereits erfolgt. Mit diesem symbolischen Akt fand das Dritte Reich sein Ende.

KALTER KRIEG UND MAUERBAU
Die geteilte Stadt

Leben in Ruinen

Bis Anfang Juli 1945 war die UdSSR die einzige Besatzungsmacht in Berlin. Erst dann rückten Briten, Amerikaner und die später noch als vierte Macht hinzugekommenen Franzosen in ihre Sektoren ein.

Auch wenn sich die politischen Differenzen innerhalb der Anti-Hitler-Koalition schon länger abgezeichnet hatten, so gingen die Siegermächte immer noch von einer gemeinsamen Verwaltung Groß-Berlins aus. Es gab eine gemeinsame Regierungsbehörde, die Kommandatura, in der die vier Kommandanten der Besatzungsmächte zusammentraten. Im entsprechenden Abkommen zwischen den Regierungen der Siegermächte vom 25. Juli 1945 hieß es dazu: »Deutschland, innerhalb der Grenzen, wie sie am 31. Dezember 1937 bestanden, wird zum Zwecke der Besetzung in vier Zonen eingeteilt, deren je eine einer der vier Mächte zugewiesen wird, und in ein besonderes Berliner Gebiet, das gemeinsam von den vier Mächten besetzt wird.« Die Fragen, die Deutschland als Ganzes betrafen, sollten vom neu installierten Alliierten Kontrollrat geklärt werden, der seinen Sitz ebenfalls in Berlin hatte: im ehemaligen Gebäude des Berliner Kammergerichts im Kleistpark im Ortsteil Schöneberg. Von Teilung oder neuer Konfrontation war also bislang zumindest offiziell noch nicht die Rede.

Wie viele andere Viertel der Innenstadt, so bot auch der Potsdamer Platz 1945 einen eher traurigen Anblick. Nur wenige Gebäude wie das Columbus-Haus hatten hier den Krieg halbwegs überstanden. Trotzdem begann sich hier wie auch an anderen Orten erstaunlich schnell wieder ein improvisiertes städtisches Leben zu regen. Am Schnittpunkt zwischen amerikanischem, sowjetischem und britischem Sektor entwickelte sich ein großer, für die Nachkriegszeit typischer Schwarzmarkt, auf dem Strumpfhosen, Zigaretten, Schokolade und andere heiß begehrte Güter zu haben waren.

Die Infrastruktur der Großstadt war zu großen Teilen zerstört. Der Nahverkehr war fast zum Erliegen gekommen, es gab weder Strom noch Gas und auch die Wasserversorgung funktionierte nur mangelhaft. Von einstmals 153.000 privaten Kraftfahrzeugen waren im Juni 1945 lediglich noch 115 zugelassen, von den 166 größeren Brückenbauwerken im Stadtgebiet waren 122 zerstört, von 33.000 Krankenhausbetten nur noch 9.000 benutzbar. Zur Symbolfigur für den Überlebenswillen wurden in dieser Zeit die Trümmerfrauen, deren Männer meist in Kriegsgefangenschaft oder während der Kämpfe gefallen waren. Sie versuchten ein Alltagsleben in Ruinen zu ermöglichen, beseitigten die Trümmer, machten Straßen passierbar und gewannen aus den Schuttbergen Ziegel für den Wiederaufbau. Auch die Versorgung der Familien mit den nötigsten Nahrungsmitteln wurde von ihnen geleistet: Sie gingen auf Hamsterfahrt ins Umland, wo sie Wertgegenstände gegen Essbares tauschten, oder handelten auf den verschiedenen Schwarzmärkten. Die Lebensmittel, die offiziell zu haben waren, waren streng rationiert und für eine ausreichende Ernährung ungenügend. Das Versorgungsproblem verschärfte sich weiter dadurch, dass immer noch Tausende Flüchtlinge nach Berlin strömten.

Trümmerfrauen auf dem Gelände vor dem Reichstag, Januar 1946

Beginn der Ost-West-Konfrontation

Die bis Juli noch allein die Geschicke der Stadt bestimmenden sowjetischen Streitkräfte unter dem Stadtkommandanten Generaloberst Nikolai Erastowitsch Bersarin (1904–1945) hatten versucht, die Weichen für die politische Zukunft in ihrem Sinne zu stellen. So hatte Bersarin noch im Mai einen sogenannten antifaschistischen Magistrat eingesetzt, der in seiner Mehrheit dem kommunistischen Lager zuzurechnen war. Auch in den meisten Bezirken sowie im Polizeipräsidium waren Schlüsselpositionen entsprechend besetzt worden. Unterstützt wurden die Sowjets dabei von der Gruppe Ulbricht, die aus Remigranten rund um den KPD-Funktionär Walter Ulbricht (1898–1973) bestand.

Wolfgang Leonhard, damals in Ulbrichts Gefolge, erinnerte sich an dessen Maßgabe: »Die Bezirksverwaltungen müssen politisch richtig zusammengestellt werden. Kommunisten als Bürgermeister können wir nicht brauchen, höchstens im Wedding oder in Friedrichshain. Die Bürgermeister sollen in den Arbeiterbezirken in der Regel Sozialdemokraten sein. In den bürgerlichen Vierteln – Zehlendorf, Wilmersdorf, Charlottenburg usw. – müssen wir an die Spitze einen bürgerlichen Mann stellen, einen, der früher dem Zentrum, der Demokratischen oder Deutschen Volkspartei angehört hat.«

Im Juli und August rückten die Westalliierten in ihre Sektoren ein. Die Amerikaner besetzten Kreuzberg, Neukölln, Tempelhof, Schöneberg, Steglitz und Zehlendorf, die Briten Tiergarten, Wilmersdorf, Charlottenburg und Spandau, die Franzosen Wedding und Reinickendorf. Innerhalb der alliierten Kommandantura setzten sich die Sowjets mit der Forderung durch, dass die jeweiligen Sektoren aus den ihnen zugehörigen Besatzungszonen zu versorgen seien, was die Westsektoren de facto von ihrem traditionellen Umland Brandenburg abschnitt.

Auf der Konferenz von Potsdam trafen sich vom 17. Juli bis zum 2. August 1945 im Schloss Cecilienhof die Regierungschefs der drei Großmächte USA, UdSSR und Großbritannien, um über die politische und wirtschaftliche Zukunft Deutschlands zu beraten. Mit dabei waren Harry S. Truman, Jossif W. Stalin und Winston Churchill (der nach seiner Wahlniederlage von Clement Attlee abgelöst wurde). Dort erzielte man Einigungen über Reparationsleistungen aus den jeweiligen Besatzungszonen. Auch verständigte man sich über die Grundsätze der Demokratisierung und Entmilitarisierung, bei denen man weiterhin vom Prinzip der Einheit Restdeutschlands (ohne die Gebiete östlich von Oder und Neiße) ausging.

Churchill, Truman und Stalin während einer Verhandlungspause im Garten von Schloss Cecilienhof

Bei den ersten und letzten freien Stadtverordnetenwahlen in ganz Berlin, erzielte die SPD bei einer Wahlbeteiligung von über 90 Prozent 48,7 Prozent der Stimmen, die SED (die im Ostsektor zwangsvereinigten SPD und KPD) landete mit 19,8 Prozent auf dritter Position hinter der CDU. Gegen die Wahl Ernst Reuters (SPD) zum Oberbürgermeister im Juni 1947 legte die Sowjetunion ihr Veto ein, an seiner Stelle führten Louise Schroeder (1887–1957) und Ferdinand Friedensburg (1886–1972) zeitweise die Geschäfte.

Als Verhandlungen der vier Besatzungsmächte über eine gemeinsame Währungsreform scheiterten, handelten die Westalliierten am 20. Juni 1948 in ihren Besatzungszonen und führten allein eine neue Währung ein, deren Gültigkeit kurz darauf auch auf die Berliner Westsektoren ausgedehnt wurde. Schon am 20. März hatten die Vertreter der Sowjetunion den Kontrollrat verlassen. Eine Zukunft Deutschlands in Einheit wurde nun immer unwahrscheinlicher, es zeichneten sich getrennte Wege ab.

Blockade und Luftbrücke

»Heute ist der Tag, wo das Volk von Berlin seine Stimme erhebt. (…) Ihr Völker der Welt! Ihr Völker in Amerika, in England, Frankreich und Italien! Schaut auf diese Stadt und erkennt, dass ihr diese Stadt und dieses Volk nicht preisgeben dürft, nicht preisgeben könnt!« Mit dieser ergreifenden Rede am 9. September 1948 appellierte der Berliner Oberbürgermeister Ernst Reuter an die internationale Solidarität für das eingeschlossene West-Berlin. Am 24. Juni desselben Jahres, dem Tag der Währungsreform in den Westsektoren der Stadt, hatte die sowjetische Militärverwaltung den Westteil der Stadt von der Versorgung auf dem Land- und Wasserweg abgeschnitten. Der amerikanische Militärgouverneur Lucius D. Clay (1897–1978) reagierte darauf mit der Einrichtung einer Luftbrücke. Schon zwei Tage später landeten die ersten Transportflugzeuge – auch die britische Luftwaffe beteiligte sich an den Flügen. Die französische Besatzungsmacht erhöhte die Transportkapazitäten durch den Bau einer neuen Start- und Landebahn in Tegel. Clay ging von einem täglichen Bedarf an lebensnotwendigen Gütern von rund 5.000 Tonnen aus. Bis zum Ende der Blockade im Oktober 1949 wurden bei über 277.000 Flügen rund 2,3 Millionen Tonnen Güter nach West-Berlin gebracht. Transportiert wurden dabei vor allem Kohle (67 Prozent der Gesamtgütermenge) und Lebensmittel (24 Prozent) sowie Medikamente und Rohstoffe. Zwar ließ die Sowjetunion ab Mai 1949 wieder den Versorgungsstrom über die üblichen Wege laufen, zur Sicherheit behielten

Ein »Rosinenbomber« im Anflug auf den Flughafen Tempelhof, Juni 1948

die Westalliierten aber ihre Versorgungsflüge bis Oktober bei. Die in Tempelhof einfliegenden »Rosinenbomber« wurden in dieser Zeit zum Symbol für ein neues freundschaftliches Verhältnis zwischen Besiegten und Besatzungsmacht.

Bei der Aktion fanden 70 Angehörige der beteiligten Streitkräfte sowie acht deutsche Helfer den Tod; an die Luftbrücke und an deren Opfer erinnert noch heute das Luftbrückendenkmal am Flughafen Tempelhof. Die Blockade war das endgültige Ende aller Pläne, eine gemeinsame Verwaltung von Groß-Berlin beizubehalten. Am 16. Juni 1948 hatte die sowjetische Seite nach dem Kontrollrat nun auch die Kommandatura verlassen. Am 6. September besetzten Demonstranten das Stadthaus. Der SED nahestehende Kreise wollten damit vermutlich die bald anstehenden Neuwahlen blockieren, deren Ausgang für die Partei ungünstig auszufallen drohte. Die nichtkommunistischen Stadtverordneten wichen daraufhin in den Westteil der Stadt aus. Es kam zur Bildung zweier Stadtparlamente und Kommunalverwaltungen. Im sowjetischen Sektor wurde Friedrich Ebert, ein Sohn des früheren Reichspräsidenten, von einer außerordentlichen Stadtverordnetenversammlung zum Oberbürgermeister gewählt, in West-Berlin konnte endlich der schon Jahre zuvor gewählte Ernst Reuter, im Januar 1949 abermals durch ein Votum des neu gewählten Stadtparlaments bestätigt, sein Amt als Oberbürgermeister antreten.

Mit dem Inkrafttreten des Grundgesetzes der Bundesrepublik Deutschland am 24. Mai 1949 und der Gründung der Deutschen Demokratischen Republik am 7. Oktober desselben Jahres, war Deutschland endgültig auf dem Weg in die Zweistaatlichkeit und das ehemalige Groß-Berlin wurde zur Doppelstadt. Sowohl die Bundesrepublik als auch die DDR beanspruchten in ihren Verfassungen ganz Berlin für sich. Die bundesrepublikanische Seite sah Groß-Berlin als ein Bundesland wie andere auch. Für die DDR war Berlin »Hauptstadt der Republik«. Jahrzehntelang machte sich das bis in den offiziellen Sprachgebrauch hinein bemerkbar: Während man im Westen von Berlin (West) beziehungsweise West-Berlin sprach, nannte der Osten seine Kapitale stolz »Berlin Hauptstadt der DDR« und sprach bestenfalls in einem Nebensatz von der »besonderen politischen Einheit Westberlin« (ohne Bindestrich), die sich auf Ost-Berliner Stadtplänen dann häufig als weiße, unbehauste Fläche abzeichnete.

Im Westteil trat im Oktober 1950 die von den Alliierten genehmigte Verfassung von Berlin in Kraft, allerdings wurden die Bestimmungen des Artikels 1, »Berlin ist ein Land der Bundesrepublik Deutschland und Grundgesetz und Gesetze der Bundes-

Am 6. September 1948 versuchen kommunistische Demonstranten, sich Zugang zum Stadthaus zu verschaffen.

republik Deutschland sind für Berlin bindend«, vorerst von den Westalliierten zurückgestellt. De facto galt für Berlin ein Sonderstatus. So gab es Gebiete, auf denen im Falle einer Kollision zwischen alliiertem und Berliner Recht letzteres aufgehoben werden konnte. Dies galt zum Beispiel für Sicherheitsinteressen, Fragen der Entmilitarisierung oder die Befehlsbefugnis über die Polizei. Am spektakulärsten war dabei die Tatsache, dass nach einer Verordnung der Westalliierten vom Oktober 1951 für verschiedene Delikte, wie zum Beispiel den bewaffneten Widerstand gegen Besatzungssoldaten, die Todesstrafe verhängt werden konnte, die das Grundgesetz der Bundesrepublik nicht kannte. Es handelte sich allerdings um einen Teilaspekt alliierter Sonderrechte, der in der Praxis nie zum Tragen kam.

Eine unmittelbare Folge der Berlin-Blockade war die Einrichtung der Berlinbevorratung. Dabei sollte, teils durch eine Senatsreserve, teils durch eine Bundesreserve, die Versorgung der Stadt für längere Zeit aus eingelagerten Mitteln möglich gemacht werden. Es gab rund 250 Lagerstätten, die größte davon auf dem Gelände des Westhafens. Zu den bevorrateten Gütern zählten Brennstoffe, Getreide, Bekleidung, Lebensmittel, aber auch Fahrräder und Zahngold.

Im Kalten Krieg

In beiden Stadthälften vollzog sich nach und nach der Wiederaufbau und die Beseitigung der Kriegsschäden. Noch war vor allem für das zur Insel gewordene West-Berlin die Lage prekär, mit 306.000 Arbeitslosen hatte die Krise dort 1950 einen Höhepunkt erreicht. Durch das Berliner Aufbauprogramm, das aus europäischen und Bundesmitteln finanziert wurde und das vor allem auf die Beseitigung von Kriegsschäden sowie den Wohnungsbau abzielte, konnte dem entgegengesteuert werden. Ohne eine enge Bindung an die Bundesrepublik wäre die Stadt nicht lebensfähig gewesen. Die vereinten Anstrengungen trugen bald Früchte und mit etwas Verzögerung machte sich der Aufwärtstrend des bundesrepublikanischen Wirtschaftswunders auch hier bemerkbar. 1957 konnte bereits die 100.000. nach Kriegsende fertiggestellte Wohnung übergeben werden und im selben Jahr wurden im Rahmen der Internationalen Bauausstellung 1.200 neue Wohnungen im Hansaviertel der Öffentlichkeit präsentiert. Das markanteste Gebäude, das in dieser Zeit geschaffen wurde, war die Kongresshalle im Tiergarten, heute Haus der Kulturen der Welt. Sie wurde mit Mitteln der amerikanischen Benjamin-Franklin-Stiftung sowie durch Bundes- und Senatsgelder finanziert.

*Abtransport von Trümmerschutt des 1950 gesprengten Stadtschlosses.
Im Hintergrund die Domruine*

Auch im Ostteil der Stadt galt es Kriegsschäden zu beseiti-
gen und wieder aufzubauen. 20 Millionen Kubikmeter Trümmerschutt waren wegzuräumen. Allerdings wurden im Zuge
der Aufräumarbeiten aus politischen Gründen auch Gebäude
entfernt, die man durchaus hätte rekonstruieren können, so das
Stadtschloss der Hohenzollern, mit dessen Sprengung im September 1950 begonnen wurde. Einzig das Portal IV, von dem aus
Karl Liebknecht am 9. November 1918 die Freie Sozialistische
Republik ausgerufen hatte, sollte erhalten werden.

Es wurde in das zwischen 1962 und 1964 unweit südlich des
alten Schlossstandortes errichtete Staatsratsgebäude als reprä-
sentativer Eingang integriert. Das bekannteste Aufbauprojekt
der frühen Jahre in Ost-Berlin wurde an der Frankfurter Allee

errichtet, die zunächst noch den Namen Stalinallee trug. Hier entstanden unter der Leitung des Chefarchitekten Hermann Henselmann charakteristische Neubaublocks mit Wohnungen und Geschäften. Ein Spaziergang zwischen Frankfurter Tor und Strausberger Platz vermittelt noch heute ein eindrucksvolles Bild einer Magistrale, wie sie für osteuropäische Großstädte typisch ist.

Der 17. Juni 1953

Der landläufigen Vorstellung nach war es in der damaligen Stalinallee, wo der Aufstand vom 17. Juni 1953 seinen Ausgang nahm. Dabei waren es Bauarbeiter am Krankenhaus Friedrichshain, die am 15. Juni als Erste in Ausstand traten. Ihre Forderungen nach Herabsetzung der Normen, also der per Verordnung festgesetzten Arbeitsleistungen, fanden auch bei den Kollegen, die in der Stalinallee und an der Staatsoper Unter den Linden arbeiteten, Widerhall. Innerhalb weniger Stunden entwickelte sich eine Protestbewegung, die von Berlin ausgehend schließlich die ganze DDR erfasste und den Westalliierten größte Sorge bereitete. Aus Forderungen wie »Normensenkung« waren in Windeseile Parolen wie »Kollegen reiht Euch ein, wir wollen freie Menschen sein« oder »Weg mit der Regierung« geworden.

Die Bilder dieses Aufstandes haben dafür gesorgt, dass der 17. Juni lange Zeit als ein Phänomen der ehemaligen Hauptstadt gesehen wurde; fast alle Fotos und Filme sind Aufnahmen aus der Leipziger Straße in Ost-Berlin. Kamerateams und Journalisten im Westteil der Stadt hatten sich vor allem am Potsdamer Platz postiert, von wo aus sie mit Teleobjektiven und Ferngläsern weit in die Leipziger Straße hineinblicken konnten. Von dort ließ sich aus gesicherter Entfernung zum Beispiel auch die Straße vor dem Haus der Ministerien, dem ehemaligen Reichs-

Ost-Berliner Bauarbeiter fordern am 17. Juni 1953 die Herabsetzung der Normen.

luftfahrtministerium, überblicken, wo sich am 16. und 17. Juni Tausende versammelten, um ihre Forderungen der DDR-Regierung vorzutragen.

Berlin hatte sich in dieser Zeit schon zu dem Ort entwickelt, an dem die beiden Systeme Ost und West am unmittelbarsten miteinander konkurrierten. Es hatte Schaufensterfunktion für beide Lager im Kalten Krieg. Eine Berliner Institution, die ihre Gründung 1946 unmittelbar diesem Umstand verdankt hatte, war der RIAS (Rundfunk im amerikanischen Sektor). Der zunächst mit Mitteln des US-Bundeshaushaltes, seit Ende der Sechzigerjahre aus dem Etat des Bundesministeriums für Innerdeutsche Beziehungen finanzierte Sender sollte mit seinem Programm vor allem Hörer in Ost-Berlin und der DDR erreichen. Dabei waren es nicht nur politische Sendungen, die das Publikum fesselten. Der Theaterkritiker Friedrich Luft hatte mit seiner wöchentlichen Sendung »Stimme der Kritik« einen festen Fankreis, ebenso wie der Showmaster Hans Rosenthal mit seinem »Klingenden Sonntagsrätsel«.

Im Sommer 1953 waren es andere Botschaften, die über den Äther geschickt werden sollten. Die Berichterstattung über die Ereignisse in Berlin erreichte, dass sich die Protestbewegung am 17. Juni schnell auf die ganze Republik ausdehnte. Am 16. Juni um 16.30 Uhr wurde vom Funkhaus in der Kufsteiner Straße in Schöneberg (das auch heute noch den Schriftzug RIAS trägt) folgende Meldung ausgestrahlt: »Im Sowjetsektor Berlins ist es heute zu großen Massendemonstrationen der Arbeiter gekommen, die vor dem Gebäude der Zonenregierung gegen die Normerhöhungen, die Zustände im sowjetisch besetzten Gebiet Deutschlands und die Politik der Regierung selbst protestierten. Der Platz vor dem Regierungsgebäude war bald mit einer dichten Menschenmenge gefüllt, die in lauten Sprechchören rief: ›Wir fordern höhere Löhne und niedrigere Preise, wir verlangen die Beseitigung der Normen. Weg mit der Regierung! Wir wollen freie Wahlen!‹«

Beendet wurde der Aufstand mit der Verhängung des Kriegsrechts durch die sowjetischen Besatzungstruppen am Nachmittag des 17. Juni. Mit Versammlungsverboten, Ausgehsperren und einer massiven Militärpräsenz wurde auf den Straßen nach und nach wieder für »Ruhe und Ordnung« gesorgt. Die Folge waren verstärkte Repressionen in der DDR, rund 13.000 Menschen waren nach den Unruhen zumindest kurzzeitig festgenommen worden. Etlichen wurde der Prozess gemacht. Bei den Zusammenstößen in Ost-Berlin wurden mindestens zwölf Demonstranten getötet, mehr als 400 teils schwer verletzt. Auf Seiten der

Jugendliche werfen in der Leipziger Straße Steine auf sowjetische Panzer.

Volkspolizei gab es über 200 Verletzte, Angaben über verletzte Sowjetsoldaten liegen nicht vor.

Berlin war Anfang der Fünfzigerjahre noch eine offene Stadt gewesen. Rund 60.000 West-Berliner arbeiteten im Ostteil der Stadt, fast ebenso viele Ost-Berliner pendelten jeden Tag zum Broterwerb in den Westen. Als im Mai 1952 die Grenze zur Bundesrepublik abgeriegelt worden war, blieb der Weg über die Sektorengrenzen in Berlin zunächst offen. In der ersten Jahreshälfte 1953 waren rund 216.000 Menschen aus der DDR geflüchtet, in der zweiten Hälfte, trotz zeitweiliger Sperrung der innerstädtischen Grenze in Berlin, immer noch 105.000. In den folgenden Jahren pendelte sich der Flüchtlingsstrom bei über 150.000 Menschen jährlich ein.

Chruschtschow-Ultimatum und Mauerbau

Dass Berlin der Ort war, an dem die Ost-West-Konfrontation ausgetragen werden sollte, hatte der sowjetische Parteichef Nikita Chruschtschow 1956 in aller Deutlichkeit formuliert: »Dort wird nicht nur eine ideologische Schlacht geschlagen, sondern eine ökonomische Schlacht zwischen Sozialismus und Kapitalismus. Dort wird der Vergleich gezogen, welche Ordnung bessere materielle Bedingungen schafft: die in Westdeutschland oder die in Ostdeutschland.«

Im November 1958 horchte die Weltöffentlichkeit auf. Die sowjetische Regierung forderte im sogenannten Chruschtschow-Ultimatum eine Entmilitarisierung West-Berlins, das heißt den Abzug der Westalliierten, sowie die Umwandlung in eine Freie Stadt. Berlin sollte damit in seiner Gesamtheit zu einem Bestandteil der DDR werden. Im Falle einer Ablehnung wolle man, so der Kreml weiter, der DDR-Regierung die volle Souveränität für ihr Staatsgebiet erteilen. Die Westalliierten hatten zu befürchten, dass die DDR-Regierung in diesem Fall eine tatsächlich allumfassende Blockade über die Inselstadt verhängen würde.

Trotzdem wiesen die Westalliierten das Ultimatum zurück – dies blieb ohne unmittelbare Folgen. Die nächste dramatische Veränderung der Situation in der Stadt kündigte sich auf einer Pressekonferenz im Haus der Ministerien in der Leipziger Straße im Juni 1961 an. Walter Ulbricht gab einer Korrespondentin der »Frankfurter Rundschau«, die ihn nach der Bedeutung einer Freien Stadt Berlin gefragt hatte, vielsagend Auskunft: »Ich verstehe Ihre Frage so, dass es in Westdeutschland Menschen gibt, die wünschen, dass wir die Bauarbeiter der Hauptstadt mobilisieren, um eine Mauer aufzurichten. (…) Niemand hat die Absicht, eine Mauer zu errichten!«

Wasserwerfer blockieren die Durchfahrt durch das Brandenburger Tor.

Am 13. August 1961 jedoch wurde das Unglaubliche ausgeführt: Die Abriegelung einer Stadt begann. Überall zogen DDR-
Grenzpolizisten und Angehörige der Kampfgruppen auf. Der
Personennahverkehr wurde unterbrochen, auf Straßen und Plätzen entlang der Sektorengrenzen Sperren errichtet. Nur noch
wenige Grenzübergangsstellen blieben erhalten, bis zum 23. August waren das für West-Berliner die Übergänge Friedrichstraße
(S-Bahnhof), Bornholmer Straße, Chausseestraße, Invalidenstra-
ße, Heinrich-Heine-Straße, Oberbaumbrücke und Sonnenallee.
Die provisorischen Sperren und Stacheldrahtzäune wurden mit
den Jahren durch immer perfektere Grenzanlagen ersetzt.

Ost-Berlinern wurde fortan das Betreten der Westsektoren
untersagt, ganz gleich ob sie bisher dort gearbeitet hatten oder

nur zu Privatbesuchen gekommen waren. Auch den West-Berlinern wurde der Besuch im Ostteil unmöglich gemacht. Bis zum Inkrafttreten eines Besucherabkommens im Jahr 1972 wurden lediglich im Rahmen von sogenannten Passierscheinregelungen in den Jahren 1963, 1964, 1965 und 1966 kurzfristige Besuche in Ost-Berlin ermöglicht. In der Zeit danach regelte eine Passierscheinstelle für dringende Familienangelegenheiten Besuche bei Eheschließungen, Geburten oder Erkrankungen und Todesfällen enger Familienangehöriger.

Schon unmittelbar bei Beginn des Mauerbaus spielten sich dramatische Fluchtszenen an der innerstädtischen Grenze ab. Bis Mitte September gelangten noch rund 600 Menschen in den Westteil der Stadt. Sie sprangen über Absperrzäune, schwammen durch die Spree oder durchbrachen mit Fahrzeugen die Grenze. Berühmt wurde das Foto des DDR-Grenzsoldaten Conrad Schumann, der am 15. August an der Bernauer Straße über den Stacheldraht sprang. Besonders spektakulär stellte sich die Situation in dieser Straße dar. Dort bildete eine Häuserfront die Sektorengrenze. Viele Ostberliner nutzten diese Häuser in den Wochen nach dem 13. August zur Flucht, und hier waren auch die ersten Maueropfer zu beklagen. Am 22. August versuchte sich die 59-jährige Ida Siekmann durch einen Sprung in den Westteil zu retten und erlitt dabei tödliche Verletzungen. Bereits drei Tage zuvor hatte sich ein 57-jähriger Mann beim Abseilen Verletzungen zugezogen, an deren Folgen er gut vier Wochen später starb.

Erst nach und nach begann sich das Leben auf beiden Seiten der Mauer zu normalisieren. Zwar waren die Berliner zunächst enttäuscht, dass die Westalliierten nichts gegen die Abriegelung ihrer Stadt unternommen hatten, aber allenthalben fürchtete man eine Konfrontation, die die Welt einem neuen Krieg näher-

Sowjetische und US-amerikanische Panzer stehen sich im Oktober 1961 am Checkpoint Charlie gegenüber.

gebracht hätte. Die Westalliierten ließen es erst auf eine direkte Machtprobe ankommen, als ihr Zugangsrecht zum Ostsektor bedroht war. Die kurzzeitige Weigerung der DDR-Grenzer, Angehörige der Westalliierten unkontrolliert über den Checkpoint Charlie in der Friedrichstraße einreisen zu lassen, führte zu einer Konfrontation von USA und UdSSR. Am 26. Oktober 1961 ließen zunächst die USA, einen Tag später die UdSSR am Checkpoint Charlie Panzer auffahren, die sich dort zwei Tage lang gegenüberstanden. Ein bewaffneter Konflikt blieb aus; sowohl der amerikanische Präsident John F. Kennedy als auch Chruschtschow hatten sich um eine Deeskalation der Lage bemüht. Mit ihrer entschlossenen Haltung hatten die Westalliierten deutlich gemacht, dass sie am Status Berlins als Vier-Mächte-Stadt nichts zu verändern gedachten und an ihrem Recht auf Bewegungsfreiheit innerhalb aller Sektoren festhielten.

Bis zur berühmt gewordenen offiziellen Solidaritätsbekundung für die Berliner sollte es aber noch zwei Jahre dauern. Im Juni 1963 kam US-Präsident Kennedy in die eingemauerte Stadt. Begrüßt wurde er von Willy Brandt (SPD), der von 1957 bis 1966 Regierender Bürgermeister war. Am 26. des Monats hielt Kennedy vor 300.000 Menschen am Rathaus Schöneberg eine berühmt gewordene Rede: »Die Mauer ist die abscheulichste und die stärkste Demonstration für das Versagen des kommunistischen Systems. (…) Die Mauer schlägt nicht nur der Geschichte ins Gesicht, sie schlägt der Menschlichkeit ins Gesicht. (…) Alle freien Menschen, wo immer sie leben mögen, sind Bürger dieser Stadt West-Berlin, und deshalb bin ich als freier Mann stolz darauf, sagen zu dürfen: Ich bin ein Berliner!«

Alltag in der Mauerstadt

Nicht nur bei Kennedys Visite in der Stadt gehörte eine Besichtigung der Mauer oder, wie es in der DDR amtlich hieß, des »antifaschistischen Schutzwalls«, bei offiziellen Besuchen in Ost und West fest zum Protokoll. Chruschtschow hatte sich das Bauwerk schon im Januar 1963 von Walter Ulbricht zeigen lassen. Auch für den normalen Besucher West-Berlins gehörte ein Abstecher zur Mauer einfach dazu. Den Besuchern, die von westlicher Seite bald zahlreich an die Mauer kamen, bot sich in der ehemaligen Hauptstadt ein trostloses Bild.

Stieg man an einem einst so belebten Ort wie dem Potsdamer Platz auf eine der Aussichtsplattformen an der Sektorengrenze, so überblickte man eine innerstädtische Brache gewaltigen Ausmaßes. Hier war auch auf West-Berliner Seite von der alten Bebauung nicht mehr viel geblieben. Manche eigentlich ganz

US-Präsident John F. Kennedy hält vor dem Schöneberger Rathaus seine berühmte »Ich bin ein Berliner«-Rede.

passable Ruine, die durchaus hätte wieder aufgebaut werden können, verschwand spätestens zu Beginn der Siebzigerjahre für immer, darunter auch die Reste des Hauses Vaterland am ehemaligen Potsdamer Bahnhof. Der Abrisswut fiel zum Beispiel auch das Vox-Haus, Potsdamer Straße 4, zum Opfer, aus dem 1923 die erste deutsche Rundfunksendung ausgestrahlt worden war. Als einzige Häuser der einstmals so lebendigen Gegend hatten das Weinhaus Huth sowie der Torso des Grandhotels Esplanade in der Bellevuestraße überlebt. Am Potsdamer Platz sorgten einzig der Grenztourismus und die dort errichteten Souvenirläden, die noch auf Verkaufsstellen und Wechselstuben aus der Zeit des kleinen Grenzverkehrs vor dem Mauerbau zurückgingen, für etwas Leben.

Die Teilung der Stadt wurde im Laufe der Jahre im Westteil mehr und mehr zu einer Touristenattraktion. Und man lernte, in einer geteilten Metropole zu leben. Das Inseldasein wurde für die einen zur Realität, während die anderen sich mit den weißen Flecken auf ihren Landkarten langsam zu arrangieren begannen. Dabei blieb die Grenze durch eine Stadt ein todbringendes Bauwerk. Von Mauerbau bis Mauerfall kamen bei Fluchtversuchen in den Westteil Berlins mindestens 140 Menschen ums Leben. Eines der bekanntesten Opfer war Peter Fechter, der im August 1962 an der Mauer starb. Er hatte versucht, mit einem Arbeitskollegen in der Zimmerstraße in unmittelbarer Nähe des Checkpoint Charlie in den Westen zu entkommen und war von Kugeln der DDR-Grenzposten getroffen worden. Er verblutete unmittelbar am Fuß der Mauer auf Ost-Berliner Territorium: Weder die Westberliner Polizei noch die westalliierten Soldaten sahen sich in der Lage, ihm erste Hilfe zu leisten.

Neuralgischer Punkt im Verhältnis zwischen Ost und West, DDR und Bundesrepublik, blieb auch die Frage des freien Zugangs zur Stadt. Die einzige Möglichkeit, völlig ohne Kontrolle nach Berlin zu kommen, bot der Flugverkehr. Die Straßen und Zugverbindungen drohten immer wieder unterbrochen zu werden. Schon solche Ereignisse wie die Wahl Gustav Heinemanns im März 1969 zum Bundespräsidenten, die im West-Berliner Reichstag durchgeführt werden sollte, wurde von der DDR-Regierung zum Anlass genommen, die Transitwege vorübergehend zu sperren. Der DDR-Regierung war die Westintegration und die Anbindung West-Berlins an das Bundesgebiet, wie sie zum Beispiel mit dem Zusammentreten der Bundesversammlung in der Stadt manifestiert wurde, ein Dorn im Auge. Die Bundesrepublik weigerte sich dagegen standhaft, die DDR als eigenen, souveränen Staat anzuerkennen. Auf westlicher Seite blieb man

DDR-Grenzposten bergen die Leiche des bei seinem Fluchtversuch erschossenen Peter Fechter.

weiter der Ansicht, dass Berlin eine Viersektorenstadt sei, für die allein die Alliierten die Verantwortung trügen.

Das Beharren auf dieser Position führte schließlich Anfang der Siebzigerjahre zum Vier-Mächte-Abkommen über Berlin und zu einem ersten merklichen Tauwetter in den deutsch-deutschen Beziehungen. Neu war, dass nun erstmals die UdSSR Verantwortung für den reibungslosen Ablauf des zivilen Personenverkehrs nach West-Berlin übernahm. In der Folge wurde es zum Beispiel möglich, Waren in verplombten LKW ohne Kontrolle über die Transitstrecken zu transportieren. Personen hatten sich nur auszuweisen, mussten keine Gebühren mehr entrichten (dies geschah pauschal durch die Bundesrepublik) und sollten nur im begründeten Verdachtsfall einer verschärften Kontrolle unterzogen werden. Im Gegenzug erließen die Westalliierten bestimmte Beschränkungen für Veranstaltungen des Bundes in der Teilstadt. So fand fortan keine Bundespräsidentenwahl mehr statt, auch Plenartagungen von Bundestag oder Bundesrat wurden gänzlich untersagt.

Die bekannteste Sonderregelung für West-Berlin blieb die Entmilitarisierung: Deutsche mit ständigem Wohnsitz in Berlin (West) unterlagen nicht der Wehrpflicht der Bundesrepublik Deutschland. Dies führte dazu, dass sich im Laufe der Jahrzehnte zahlreiche Wehrflüchtige nach West-Berlin absetzten. Selbst postalisch waren sie von den Kreiswehrersatzämtern nicht zu erreichen, da die Alliierten die Zustellung wehrrechtlicher Bescheide untersagten. Die DDR-Seite nahm es mit dieser Entmilitarisierung, die auf gemeinsamen alliierten Übereinkünften beruhte, nicht so genau. Die dortige Wehrgesetzgebung wurde seit der Einführung der Wehrpflicht 1962 auch auf junge Ost-Berliner angewandt. Proteste der Bundesregierung, des Senats und der Westalliierten blieben in dieser Angelegenheit erfolglos.

Der letzte wichtige Schritt auf dem Weg zur deutsch-deutschen Entspannung war der Grundlagenvertrag zwischen beiden Regierungen, der am 21. Juni 1973 in Kraft trat. Wichtigste sichtbare Folge für Berlin war die Einrichtung einer Ständigen Vertretung der Bundesrepublik Deutschland in der DDR, einer botschaftsähnlichen Einrichtung. Ihr Name verwies darauf, dass Bonn weiterhin auf einem Sonderverhältnis beharrte, aber dennoch der Anerkennung einer Quasi-Zweistaatlichkeit nicht länger im Weg stehen wollte.

Die Doppelstadt

Die Insellage hatte für West-Berlin weitreichende Folgen. Insbesondere die Wirtschaft litt. Nicht nur, dass Unternehmen mit dem Mauerbau quasi über Nacht Tausende ihrer Mitarbeiter

Eine türkische Gastarbeiterfamilie posiert 1984 auf dem Mariannenplatz in Berlin-Kreuzberg für ein Familienfoto.

verloren hatten, auch viele junge Menschen oder besonders qualifizierte Arbeitskräfte verließen West-Berlin. Es kam nach dem Mauerbau zu einem Rückgang der Gesamtbevölkerungszahl, aber vor allem zu einer Veränderung in ihrer Zusammensetzung. Die Stadt litt unter einer Überalterung und damit einhergehend unter Arbeitskräftemangel. Dem wurde durch gezielte Werbemaßnahmen in der Bundesrepublik, aber auch im Ausland entgegengewirkt. Nicht zuletzt damals legte man den Grundstein für das heutige vielfältige Berlin, das ohne Zuwanderung nicht denkbar wäre. So konnte der Rückgang der Bevölkerung in West-Berlin teilweise durch den Zuzug von Ausländern ausgeglichen werden. Ende 1989 bildeten die Türken mit rund 128.000 Personen die größte Gruppe, gefolgt von Jugoslawen und Polen.

119

Trotz des Mauerschocks begann sich auch das kulturelle und geschäftliche Leben langsam wieder zu erholen. 1963 wurde am Kemperplatz die von Hans Scharoun entworfene Philharmonie eingeweiht, das erste Gebäude des hier geplanten Kulturforums. Markante städtebauliche Projekte – es folgten unter anderem die Neue Nationalgalerie von Mies van der Rohe oder die Staatsbibliothek, ebenfalls von Scharoun – trugen allesamt das Signum der zweigeteilten Stadt: Sie waren klar als Gegenentwurf zum historischen Zentrum rund um die Straße Unter den Linden gedacht. Die Doppelstruktur Berlins ließ sich fortan in sämtlichen Lebensbereichen ausmachen. Auch im Ostteil versuchte man architektonisch Akzente zu setzen. Weithin sichtbar sollte vor allem der 1969 am Alexanderplatz fertiggestellte Fernsehturm, mit 365 Metern zugleich eines der höchsten Gebäude Europas, von den Errungenschaften des Sozialismus künden. Rund um den Alexanderplatz entstanden neue, innerstädtische Wohngebiete, die von breiten Magistralen durchschnitten wurden und noch heute etwas von der Atmosphäre einer sozialistischen Großstadt bewahrt haben. Dazu gehörte auch der 1976 eingeweihte Palast der Republik, der teils auf dem Grundstück des ehemaligen Stadtschlosses vis à vis vom Berliner Dom entstand. Architektonischer Mittelpunkt der Hauptstadt der DDR war damit ein Haus des Volkes, in dem auch die Volkskammer zu ihren Sitzungen zusammentrat, und wo ansonsten Restaurants und Veranstaltungssäle zahlreiche Besucher anlockten.

Dabei konnte in der Doppelstadt an städtebauliche Entwicklungen angeknüpft werden, die sich schon seit der Wende vom 19. zum 20. Jahrhundert vollzogen hatten: Seit dieser Zeit besaß Berlin de facto zwei Stadtzentren. Eines rund um den Kurfürstendamm, zunächst Kristallisationspunkt für die mondäne Welt im Neuen Westen, und eines zwischen Alexanderplatz und dem

Beliebter Treffpunkt in Ost-Berlin: Die Weltzeituhr am Alexanderplatz, 1970

Boulevard Unter den Linden, das der Mittelpunkt des kulturellen und politischen Lebens war. In der West-City wurden nun der Bahnhof Zoologischer Garten und das Café Kranzler an der Ecke Joachimsthaler Straße/Kurfürstendamm zu Symbolen der westlichen Teilstadt, während das politische Zentrum mit dem Sitz des Regierenden Bürgermeisters ins Rathaus Schöneberg verlegt worden war. Im Osten verabredeten sich die Großstädter an der Weltzeituhr auf dem Alexanderplatz, der zum beliebten Treffpunkt im Herzen der Stadt wurde, und flanierten von dort am Roten Rathaus vorbei zum Palast der Republik.

Das gesellschaftliche wie kulturelle Leben entwickelte sich dabei in Ost und West doch recht unterschiedlich. West-Berlin war als größte Universitätsstadt in Deutschland seit dem Ende der Sechzigerjahre eine Hochburg der Studentenbewegung. Hier kam es im Februar 1966 zur ersten Vietnam-Demonstration, bei der gegen den Krieg der USA protestiert wurde. Der Tod Benno Ohnesorgs, der am 2. Juni 1967 bei einer Protestkundgebung gegen den Besuch des Schahs von Persien von einem Polizisten erschossen worden war, sorgte mit dafür, die Studentenproteste zu einer Massenbewegung zu machen, die bald als APO (Außerparlamentarische Opposition) erheblichen Einfluss auf das politische Leben in der gesamten Bundesrepublik gewann. Am 1. Mai 1968 gingen fast 40.000 Anhänger der APO auf die Straße, nachdem eine ihrer politischen Leitfiguren, Rudi Dutschke, bei einem Attentat auf dem Kurfürstendamm lebensgefährlich verletzt worden war. Das studentische Protest-Zentrum bildete dabei die Freie Universität Berlin in Dahlem. Das Entstehen der Universität war eng mit der Teilung der Stadt verbunden, ihre Gründung im Jahr 1948 war von Professoren, Dozenten und Studenten initiiert worden, die dem wachsenden politischen Druck an der im sowjetisch besetzten Teil gelegenen, späteren Humboldt-Universität (seit 1949) ausweichen wollten.

Auch die Aufspaltung der APO in gemäßigte und radikale Flügel zeichnete sich erstmals deutlich in Berlin ab. Es formierte sich hier eine terroristische Vereinigung, die einen bewaffneten Kampf gegen die Bundesrepublik zu führen begann. Die wohl spektakulärste erste Aktion war die gewaltsame Befreiung Andreas Baaders während eines Freigangs aus der Justizvollzugsanstalt Tegel im Berliner Ortsteil Dahlem durch Ulrike Meinhof und einige Helfer.

Unter ganz anderen Bedingungen entwickelte sich dagegen das, was man im Ostteil als Opposition gegen den SED-Staat bezeichnen konnte. Zu einer Galionsfigur der Dissidenten wurde dort der an der Humboldt-Universität lehrende Professor für

Ein Demonstrationszug der APO am 1. Mai 1968

Physikalische Chemie, Robert Havemann, als er wegen kritischer Äußerungen 1964 fristlos entlassen wurde. Für ihn folgte eine Zeit des Berufsverbots, der Überwachung durch die Staatssicherheit, des Hausarrests und anderer Repressalien. Dennoch setzte er sich bis zu seinem Tode 1982 für einen demokratischen Sozialismus ein und versuchte über westdeutsche Medien auf die gesellschaftlichen Entwicklungen in der DDR in seinem Sinne Einfluss zu nehmen. Mit Havemann eng befreundet war der in Ost-Berlin lebende Liedermacher Wolf Biermann (Jahrgang 1936), eine der bekanntesten Persönlichkeiten der DDR-Opposition. Seine Ausweisung aus der DDR 1976, die während einer genehmigten Tournee durch die Bundesrepublik erfolgte, zog eine Fülle von Protestaktionen von DDR-Künstlern nach sich.

Eine breitere Basis konnte die Opposition in der DDR allerdings erst in den Achtzigerjahren kurz vor dem Ende der Republik erlangen.

West-Berlin bildete von den Siebzigerjahren an einen Anziehungspunkt für junge, alternativ gesinnte Menschen aus der ganzen Bundesrepublik, die hier neue Lebensformen in Wohngemeinschaften, selbstverwalteten Kinderläden und alternativen Betrieben ausprobieren wollten. Der politische Flügel dieser Szene zog 1981 mit 7,2 Prozent der Stimmen erstmals als Alternative Liste (AL) ins Abgeordnetenhaus ein.

Prägend für das Berlin (West) der Achtzigerjahre war auch die aktive Hausbesetzerszene, die sich hier seit 1979 entwickelt hatte und sich gegen Wohnungsnot und spekulativen Leerstand von Wohnraum wandte. Durch den Abschluss von Nutzungsverträgen für viele besetzte Häuser konnte deren Zahl bis 1984 auf zwölf reduziert werden. Einig zeigten sich beide Stadthälften bei ihren städtebaulichen Fehltritten. In West und Ost erfolgten teilweise Kahlschlagsanierungen der alten Bausubstanz: Alte Stuckfassaden wurden »geglättet«, geschädigte Bausubstanz durch Neubauten ersetzt. Hüben und drüben entstanden Trabantenstädte, die eine neue Wohnqualität bieten sollten, oft aber unvorhersehbare soziale Probleme für die Bewohner mit sich brachten. Im Westen waren das vor allem das Märkische Viertel in Reinickendorf oder die Gropiusstadt in Neukölln. Etwas später begann man mit dem Bau der Wohnstädte Hellersdorf und Marzahn im Osten, die durch die charakteristische Plattenbau-Architektur geprägt sind.

Vor allem mit Anstrengungen im Sektor Städtebau feierten 1987 beide Stadthälften getrennt (aber durch eine gemeinsame Geschichte dennoch unfreiwillig vereint) das 750-jährige Stadtjubiläum. In Ost-Berlin wurde aus diesem Anlass ein Stadtviertel

Blick auf das anlässlich des 750-jährigen Stadtjubiläums neu errichtete Nikolaiviertel, März 1987

im alten Stil rekonstruiert: das Nikolaiviertel. Rund um die älteste Kirche der Stadt, die Nikolaikirche, wurden hier mit modernen Baustoffen, teils mit Fertigteilen, Häuser errichtet, die das Flair einer mittelalterlichen Stadt aufweisen sollten. »Echte« alte Häuser waren auch dabei, so zum Beispiel die Gaststätte Zum Nußbaum, in der einst auch Heinrich Zille als Stammgast verkehrte. Damals stand sie allerdings noch einige Hundert Meter weiter auf der Fischerinsel. West-Berlin organisierte aus Anlass der Feierlichkeiten eine Internationale Bauausstellung, für die profilierte Architekten aus aller Welt in verschiedenen innerstädtischen Bezirken Wohnhäuser nach den Grundprinzipien des sozialen Wohnungsbaus errichten ließen.

125

Der Mauerfall

Berlin blieb eine gewaltsam geteilte Stadt. Die Grenzanlagen wurden bis in die Achtzigerjahre hinein immer weiter perfektioniert. Zur selben Zeit hatte sich in der DDR die Opposition weiter gestärkt. Eines ihrer Zentren war Berlin, vor allem ein Bezirk wie Prenzlauer Berg. Hier trafen sich Gleichgesinnte im Schutz kirchlicher Gruppen oder formierten sich Umweltschützer, die Berichte über die Umweltzerstörung in der DDR sammelten. Ein gemeinsames Thema politisch engagierter Kreise in Ost und West war der Widerstand gegen den Rüstungswettlauf zwischen Nato und Warschauer Pakt. Mit »Schwerter zu Pflugscharen« wurde in der DDR das bekannteste Motto dieser Bewegung geprägt. Währenddessen ließen wirtschaftliche Probleme die DDR immer instabiler werden. Auch die im großen Stil genehmigten Ausreisewellen der Achtzigerjahre schafften im Innern keine Entlastung.

Während die SED-Führung unter Erich Honecker sich auf das 40-jährige DDR-Jubiläum am 7. Oktober 1989 vorbereitete, war den meisten ihrer Bürger nicht zum Feiern zu Mute. Sie ließen den sowjetischen Parteichef Michail Gorbatschow hochleben, der mit Glasnost und Perestroika Zeichen der Hoffnung für eine friedliche Demokratisierung und Liberalisierung im Ostblock gesetzt hatte. Am 18. Oktober trat Erich Honecker von seinen Ämtern als Staats- und Parteichef zurück. Sein Nachfolger wurde Egon Krenz, aber das Gesetz des Handelns bestimmte nun längst das Volk selbst. Am 4. November versammelten sich rund eine Million Menschen auf dem Alexanderplatz zu der wohl größten Protestkundgebung in der Geschichte der DDR. Einhellig gestellte Forderungen waren Presse-, Versammlungs- und Meinungsfreiheit. Zahlreiche Prominente wie der Schauspieler Ulrich Mühe oder die Schriftstellerin Christa Wolf machten sich zu Sprechern der Demokratiebewegung. Die für diese Entwicklung entscheidendsten Stunden kamen jedoch einige Tage später. Am 9. November verkündete das Politbüromitglied Günter Schabowski auf einer Pressekonferenz wie beiläufig, dass für Privatreisen aus der DDR die Visumspflicht aufgehoben sei. Auf Nachfrage eines italienischen Journalisten hin sagte er, dass diese Regelung ab sofort in Kraft trete. Da die Pressekonferenz vom Fernsehen der DDR live übertragen wurde, sich die Tagesschau im Westen an diese Darstellung anschloss und verkündete »DDR öffnet Grenzen«, machten sich kurz darauf Tausende von Ostberlinern auf den Weg zu den innerstädtischen Grenzübergängen. Der Forderung »Lasst uns raus«, die überall lautstark skandiert wurde, hielten die Grenzer wenige Stunden später nicht mehr stand. Um 22.30 Uhr öffnete sich die Grenzabsperrung am Übergang Bornholmer Straße zwischen Prenzlauer Berg und Wedding, kurz nach Mitternacht standen alle Grenzübergänge offen. Die Mauer war gefallen.

DIE NEUE MITTE
Hauptstadt der Berliner Republik

Nach dem Mauerfall

Die dem Mauerfall folgenden Tage und Wochen zeigten eine
Stadt im Ausnahmezustand. Hunderttausende von Besuchern
aus dem Osten strömten nach West-Berlin und ins Bundesge-
biet. S- und U-Bahnen, Busse und Straßen waren überfüllt. Vor
den Banken bildeten sich lange Schlangen von DDR-Bürgern,
die sich dort ihr Begrüßungsgeld – pro Person 100 Deutsche
Mark – abholten. Überall in der Stadt begann man, die Mauer
zu durchbrechen. Am 12. November entstand am Potsdamer
Platz einer der ersten provisorischen Grenzübergänge. In den
Nachtstunden hatten Baupioniere der Grenztruppen mehrere
Mauersegmente entfernt, nun konnten am Morgen die beiden
Berliner Bürgermeister, Walter Momper (West) und Ehrhard
Krack (Ost), an diesem zentralen Ort aufeinander zugehen. Der
Potsdamer Platz zeigte beispielhaft, wie in den folgenden Jahren
die lange Zeit getrennte Infrastruktur langsam wieder zusam-
mengefügt wurde: Zunächst strömten Fußgänger von einer zur
anderen Seite, bald kamen die Autos. Im März 1992 wurde der
S-Bahnhof Potsdamer Platz wieder in Betrieb genommen. Bald
folgte auch der Lückenschluss im U-Bahn-Netz und die Linie 2
setzte ihre Fahrt, vom Bahnhof Zoo kommend, wieder über die
Bahnhöfe Mohrenstraße und Stadtmitte in Richtung Alexanderplatz fort.

Berliner aus beiden Teilen der Stadt besetzen die Mauer am Brandenburger Tor am 10. November 1989.

Um die politische Zukunft der Stadt zu sichern, waren die vier Siegermächte des Zweiten Weltkriegs gefragt. In den sogenannten Zwei-plus-Vier-Verhandlungen wurden im Februar 1990 im kanadischen Ottawa die Weichen für ein einiges und freies Deutschland gestellt. Die Verhandlungen ermöglichten schließlich am 3. Oktober 1990 den Beitritt der DDR zur Bundesrepublik, den die DDR-Volkskammer zuvor beschlossen hatte. Beim Abschluss der Zwei-plus-Vier-Gespräche in Moskau hatten die Siegermächte im September desselben Jahres auf alle Deutschland betreffenden Rechte verzichtet. Knapp vier Jahre später verließen sie mit ihren Besatzungstruppen die Stadt.

Damit fand die Verwaltung Berlins unter Vier-Mächte-Status ihr offizielles Ende. Schon ein gutes Jahr nach dem Mauerfall waren als äußeres Zeichen der Wiedervereinigung die innerstädtischen Grenzanlagen fast überall demontiert worden. Am 2. Dezember 1990 wählte Berlin zum ersten Mal seit vielen Jahrzehnten direkt und gemeinsam seine Bundestagsabgeordneten sowie das Abgeordnetenhaus. Es kam zu einer großen Koalition aus SPD und CDU mit Eberhard Diepgen als Regierendem Bürgermeister, der seinen Regierungssitz im Roten Rathaus im Bezirk Mitte einnahm. Das nächste äußerst wichtige Signal für die Stadt war der Beschluss des Deutschen Bundestages im Juni 1991, Berlin wieder zur Hauptstadt des geeinten Landes zu machen. Im September 1999 konnten die Abgeordneten im nach Plänen von Sir Norman Foster umgebauten Reichstag zu einer ersten Sitzung zusammentreten. Die von Foster entworfene Kuppel wurde zum Symbol der Berliner Republik – zugleich ein beliebter Aussichtspunkt für einen Blick über das sich bald rasant verändernde Stadtzentrum.

Die Neunzigerjahre waren in Berlin vor allem von Baustellen und Bauarbeiten geprägt. »Alles ist unterwegs«, so hatte Martin Kessel in seinem Berlin-Roman »Herrn Brechers Fiasko« schon 1932 sinniert. »Es ist der Fluchtcharakter Berlins, das sich zwar behördlicherseits ein Zentrum geleistet hat, von welch letzterem aber niemand behaupten könnte, dies sei der Mittelpunkt.« Auch jetzt leistete man sich »behördlicherseits« ein Zentrum – das neue Regierungsviertel mit Kanzleramt, Bürohäusern für die Abgeordneten, dem Amtssitz des Bundespräsidenten in Schloss Bellevue und mit zahlreichen Ministerien, Botschaften und Niederlassungen von Medien aus aller Welt. Zur neuen Mitte stilisiert wurde dabei der Potsdamer Platz, konnte man hier doch an die mythisierte Vergangenheit einer Metropole anknüpfen. Das Areal gehörte zu den Hauptstadtprojekten, für die Anfang der Neunzigerjahre neue städtebauliche und architektonische

Die Kuppel des Reichstags ist zum Symbol der Berliner Republik geworden.

Konzepte entwickelt wurden. Die größten Investoren am Platz waren die damalige DaimlerChrysler-Tochter debis im Bereich südlich der Potsdamer Straße sowie der japanische Medienkonzern Sony nördlich davon. Von einer roten Infobox am Leipziger Platz aus konnten Neugierige in den Folgejahren das neue Stadtviertel wachsen sehen. Das Unternehmen DaimlerChrysler (beziehungsweise Mercedes-Benz) hat inzwischen mehrfach umfirmiert, die Tochterfirma debis gibt es längst nicht mehr – ihr grünes Logo in Würfelform ziert allerdings noch immer weithin sichtbar das Hochhaus am Südrand des Areals.

Verlor Berlin mit der Mauer nach und nach eine Sehenswürdigkeit, so kamen mit den Großbaustellen neue hinzu. Tatsächlich sind authentische Reste der ehemaligen Grenzbefestigungsanlagen im Stadtbild nur noch spärlich zu finden, auch Einheimische können oft nicht mehr mit letzter Sicherheit sagen, wo einst die Mauer gestanden hat. Im zentralen Bereich wurde dem mit einer in die Straße eingelassenen Markierung abgeholfen, die den Verlauf kenntlich machen soll. Ein kurzes Stück Mauer ist in der Niederkirchnerstraße am Gelände des Dokumentationszentrums Topographie des Terrors zu besichtigen, ein weiteres in der Bernauer Straße im Wedding. Dort befinden sich auch Gedenkstätte und Dokumentationszentrum Berliner Mauer. Am eindrucksvollsten ist vielleicht das lange bemalte Mauerstück entlang der Spree zwischen Ostbahnhof und Oberbaumbrücke, besser bekannt als East Side Gallery. Im Frühjahr 1990 hatten hier 118 Künstler aus 21 Ländern mit großflächigen Wandgemälden den Frieden und die Überwindung der Teilung Europas gefeiert.

Stadt im Aufbruch

Was die wirtschaftlichen Probleme anbelangt, waren sich die Stadtteile Ost und West nach der Wende schnell wieder sehr nahe. Während im Osten zahlreiche Großbetriebe, die unter den Bedingungen der Marktwirtschaft nicht mehr konkurrenzfähig waren, abgewickelt wurden, gerieten im Westen die Firmen in die Krise, die nur durch Subventionen überlebt hatten. Bis Mitte der Neunzigerjahre war eine Abnahme der Arbeitsplätze in der Industrie um die Hälfte zu verzeichnen. Entsprechend hoch war die Arbeitslosigkeit in der Stadt, gleichermaßen verschuldet auch die öffentliche Hand. Ein großer Teil der Steuereinnahmen musste für diese Schulden aufgewendet werden. Der Versuch, durch eine Fusion der Länder Berlin und Brandenburg neue Strukturen und Handlungsspielräume zu schaffen, scheiterte 1996 an einer Volksabstimmung.

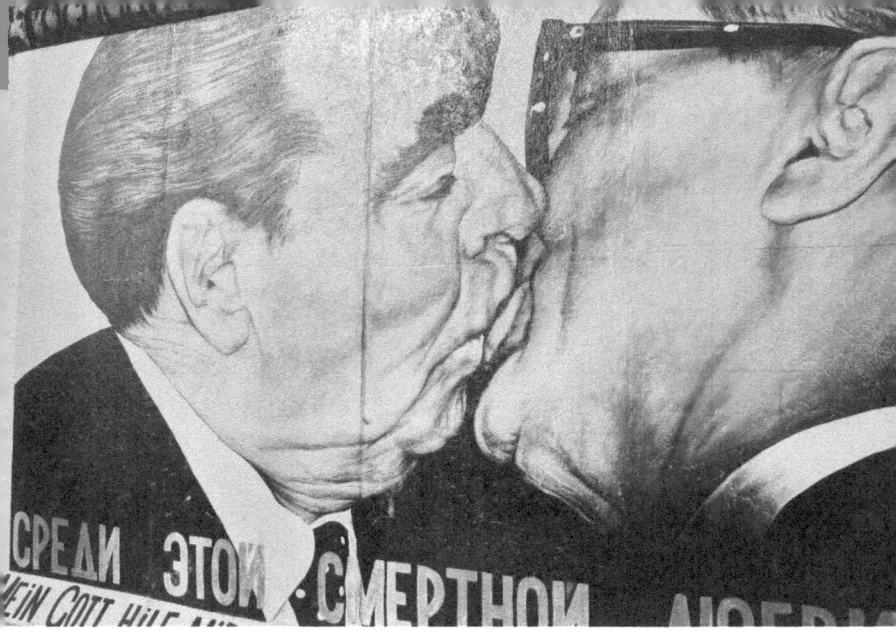

An der East Side Gallery haben sich 118 Künstler aus 21 Ländern verewigt.

Ein sichtbares Zeichen, dass die politisch-administrative Teilung nun endlich überwunden war, setzte die Wahl zum Abgeordnetenhaus im Oktober 2001. Aus ihr ging mit einem Zweitstimmenanteil von 29,7 Prozent die Sozialdemokratische Partei Deutschlands (SPD) als Sieger hervor. Mit größerem Abstand folgten die Christlich Demokratische Union Deutschlands (CDU) und die Partei des Demokratischen Sozialismus (PDS), die mehr als ein Fünftel (22,6 Prozent) der Wählerstimmen auf sich vereinen konnte. Nach langen Verhandlungen formierte sich eine Koalition aus SPD und PDS (seit 2007 Die Linke) und wählte den Sozialdemokraten Klaus Wowereit zum neuen Regierenden Bürgermeister. Eine Regierungsbeteiligung der aus der SED hervorgegangenen PDS wäre nur wenige Jahre zuvor völlig undenkbar gewesen, nun schien sie als der einzig mögliche Weg, wollte man nicht große Teile der Bevölkerung von der demokratischen Mitbestimmung ausschließen. In wechselnden Koalitionen stellte seither die SPD den Regierenden Bürgermeister beziehungsweise die Bürgermeisterin und bestimmte die Geschicke der Stadt auf dem Weg ins 21. Jahrhundert mit.

Die Hoffnungen auf eine rasante wirtschaftliche Entwicklung unmittelbar nach dem Mauerfall erfüllten sich zunächst nicht. Auch die Einwohnerzahl ging in den Neunzigerjahren erst einmal zurück, wobei ein Teil dieses Rückgangs mit Fortzügen ins Umland (den sogenannten Speckgürtel) zu tun hatte. Hier eroberte sich die Metropole Räume zurück, die durch die willkürliche Grenzziehung im Ost-West-Konflikt abgeschnitten worden waren. Berlin griff vor allem in Richtung der Städte wie Potsdam im Südwesten, Ludwigsfelde im Süden, Strausberg im Nordosten oder Oranienburg im Norden aus. Auch die Wirtschaftsleistung wuchs ab 2005 wieder – parallel zur ebenfalls steigenden Einwohnerzahl. Motoren dieser Entwicklung waren – im Gegensatz zu früheren Jahrhunderten – nun Wirtschaftsbereiche wie Dienstleistungen, Handel oder Gastronomie. Berlin ist heute kein Standort mehr, an dem in erster Linie industriell produziert wird. Attraktiv ist die Stadt vor allem wegen ihres Images, mit dem sich Firmen gerne in Verbindung bringen lassen.

So gilt Berlin in Deutschland als die Start-up-Hauptstadt, in der sich immer wieder Gründerinnen und Gründer aufmachen, neue Geschäftsideen zu entwickeln und zum Erfolg zu führen – ganz im Geiste ihrer Berliner »Urahnen« wie Werner von Siemens, August Borsig oder Ernst Litfaß. So zählt mit dem am Aktienmarkt notierten Modeversender Zalando ein ehemaliges Start-up zu den zehn mitarbeiterstärksten Unternehmen in der Hauptstadt.

Es war vermutlich auch dieses Image, das Elon Musk dazu bewog, den ersten europäischen Produktionsstandort seines Unternehmens Tesla in Grünheide bei Berlin zu errichten. Die »Gigafactory 4« wurde in Rekordzeit errichtet, sodass im Frühjahr 2022, keine zwei Jahre nach Baubeginn, die ersten dort montierten E-Autos vom Band liefen. In gewisser Weise wurde damit auch an Berlins Vorreiterrolle auf dem Gebiet der Nutzung der elektrischen Energie im 19. Jahrhundert angeknüpft. Bereits zu Beginn des 20. Jahrhunderts gab es Elektroautos »made in Berlin« – einen Einblick in dieses verkehrshistorische Kapitel der Stadtgeschichte bietet die Straßenverkehrsausstellung im Deutschen Technikmuseum in Kreuzberg.

Doch nicht immer verbindet sich der Name Berlin mit Begriffen wie Erfolg und Schnelligkeit. Zeitweise zur Lachnummer – sogar über die Landesgrenzen hinaus – wurden die Hauptstadt und ihre Regierung und Verwaltung beim Neubau des Flughafens Berlin Brandenburg (BER). Mit den Planungen für einen neuen zentralen Flughafen war bereits kurz nach dem Mauerfall begonnen worden. Für die innerstädtischen Flughäfen Tegel und Tempelhof, beide im ehemaligen West-Berlin gelegen, sah man keine Zukunft. Nach langen Diskussionen fiel die Entscheidung, den ehemaligen Zentralflughafen der DDR in Berlin-Schönefeld zum neuen Hauptstadt-Airport auszubauen. Vom ersten Spatenstich im September 2006 vergingen sagenhafte 14 Jahre bis zur Eröffnung. Verfehlte Bauplanungen, Missmanagement, eine nicht funktionierende Brandmeldeanlage, fehlende Genehmigungen – es war eine ganze Gemengelage aus Problemen, die zu mehrfacher Verschiebung von bereits fest angekündigten Eröffnungsterminen sowie zu einer enormen Kostenexplosion beitrugen und das Vertrauen in »deutsche Ingenieurskunst« und Organisationsfähigkeit nachhaltig erschütterten. Dementsprechend hat Berlin seine führende Rolle, die es in den 1920er-Jahren als Knotenpunkt der Luftfahrt einmal innehatte, bisher nicht wiedererlangt.

Die innerstädtischen Flughäfen gingen 2008 (Tempelhof) und 2020 (Tegel) außer Betrieb. Mit dem Tempelhofer Feld besteht seither mitten in der Stadt eine riesige Grün- und Freifläche, deren Bebauung oder Veränderung durch einen Volksentscheid verhindert wurde. Hier finden sich Freiräume für urbane Freizeitaktivitäten wie Skaten und Landboarding oder für gemeinschaftliches Urban Gardening, die typisch für ein Berliner Lebensgefühl sind und bleiben werden. Am ehemaligen Flughafen Tegel sollen ein Forschungs- und Industriepark sowie Wohngebiete und weitere Erholungsflächen entstehen.

Als Anziehungspunkt für junge, kreative Menschen aus aller Welt wirkt Berlin ungebrochen. Das schlägt sich zum Teil auch in den hohen Besucherzahlen, vor allem aus dem europäischen Ausland, nieder. Nicht zuletzt Großereignisse wie die Love Parade in den Neunzigerjahren, der Christopher Street Day oder der Karneval der Kulturen haben dieses Image der Stadt entscheidend mitgeprägt.

Zurück zu den Wurzeln

Das Leben in bestimmten Stadtteilen hat sich im Laufe der Jahrzehnte nach dem Mauerfall immer wieder stark verändert. Der Ortsteil Kreuzberg, früher Zentrum der alternativen Szene und aller »Ausgeflippten«, vermittelt nun schon fast einen beschaulichen Eindruck, obwohl längst nicht mehr im Schatten der Mauer gelegen. Stadtteile wie Prenzlauer Berg oder Friedrichshain gerieten zwischenzeitlich zu regelrechten In-Bezirken, wurde von Neuankömmlingen und Touristen doch zunächst der »wilde Osten« entdeckt. Aber auch hier verschiebt sich der Fokus im-

Der Karneval der Kulturen wird seit 1996 in Berlin gefeiert.

mer wieder neu, sind mittlerweile auch ehemalige Arbeiterbezirke des alten Westens wie Wedding oder Neukölln als Wohngebiet und Kneipenviertel angesagt. Solche Entwicklungen gehen immer auch mit Verdrängungsprozessen einher, die unter dem Stichwort Gentrifizierung in vielen Großstädten weltweit diskutiert werden. Dabei verändern sich das soziale Milieu und auch die Preisstruktur, dies verdrängt alte Bewohner und zieht zahlungskräftige Neubürger oder Investoren an. Was für das ganze Bundesgebiet gilt, trifft auch auf Berlin zu: Bezahlbarer Wohnraum ist extrem knapp, ausreichend Neubauten sind erforderlich. Nicht nur die sogenannte Flüchtlingskrise 2015/16, auch die anhaltenden Migrationsbewegungen in ganz Europa sind in dieser Hinsicht eine Herausforderung.

Einige markante Neubauten, die dem neuen Berlin ein eigenes Gesicht verleihen, sind in den Dekaden nach dem Mauerfall entstanden. So etwa der Hauptbahnhof, der nahe am Regierungsviertel liegt und 2006 anlässlich der Fußball-Weltmeisterschaft in Deutschland eröffnet wurde. Er ist als Kreuzungsbahnhof ausgeführt und ermöglicht erstmals ein Unterfahren der Stadt auch in Nord-Süd-Richtung per Fernbahn. Die einzige längere Nach-Wende-Neubaustrecke der U-Bahn nimmt hier ihren Ausgang: Die U5 verbindet den Hauptbahnhof mit dem alten Verkehrsknotenpunkt Alexanderplatz und schließt dort an die schon länger bestehende und bis nach Hönow am östlichen Stadtrand führende Trasse an. Südlich des Regierungsviertels wurde 2005 das Denkmal für die ermordeten Juden Europas als Deutschlands zentrale Holocaust-Gedenkstätte eröffnet. Das von dem Architekten Peter Eisenmann entworfene, fast 20.000 Quadratmeter große Feld aus Betonstelen ist ein in seiner Gestaltung einzigartiges Mahnmal, das im Zentrum einer »Hauptstadt der Täter« an ein die Vorstellungskraft sprengendes Verbrechen erinnert.

Ein Bauvorhaben, das den Bogen von Berlins Frühgeschichte bis in die Jetztzeit schlägt, war die Wiedererrichtung des Berliner Schlosses der Hohenzollern. Vom Bundestag beschlossen, wurde das Projekt wesentlich vom zivilgesellschaftlichen Engagement angeregt und getragen. Hinter einer teilweise rekonstruierten historischen Barockfassade wurde den Besuchern 2021 mit dem Humboldt Forum ein modernes Ausstellungsgebäude zugänglich gemacht. Ganz egal, wie man zur Rekonstruktion stehen mag: An diesem Ort verdichtet sich Berliner Stadtgeschichte wie sonst selten. Auf der Spreeinsel beginnt Berlins Siedlungsgeschichte, hier ließen die Hohenzollern eine erste Burg, später das Schloss bauen. Nach dem Krieg errichtete die DDR-Regierung über den Resten des gesprengten Schlosses den Palast der

Blick auf das im Sommer 2021 eröffnete Humboldt Forum

Republik. Wer heute die Ausstellungen im Schlosskeller unter dem Humboldt Forum besucht, kann gleichsam wie durch ein Fenster in die Geschichte der alten Doppelstadt Berlin/Cölln blicken. Hier wird die dramatische Entwicklung, die Berlin in den letzten bald 200 Jahren durchgemacht hat, noch einmal deutlich: von der kaiserlichen Kapitale zum Zentrum des Großdeutschen Reichs über die geteilte Inselstadt wieder zu einer gesamteuropäischen Metropole. In diesem Erfahrungsschatz liegt auch Berlins größtes Kapital.

ANHANG

Zeittafel

um 700 Slawische Stämme siedeln auf dem späteren Berliner Gebiet.

1134 Der Askanierfürst Albrecht der Bär wird Markgraf der Nordmark.

1237 Erste urkundliche Erwähnung der Berliner Schwesterstadt Cölln

1244 Erste urkundliche Erwähnung Berlins

1417 Ernennung Friedrichs I. von Hohenzollern (1371–1440) zum Markgrafen und Kurfürsten

1443–1451 Am Ufer der Spree entsteht das erste Stadtschloss.

1539 Die Reformation setzt sich auch in Berlin durch.

1618–1648 Im Dreißigjährigen Krieg verliert Berlin rund ein Drittel seiner Bevölkerung.

1685 Das Edikt von Potsdam ermöglicht die Einwanderung von Hugenotten, Glaubensflüchtlingen aus Frankreich, die sich vor allem in Berlin niederlassen.

1701 Der Sohn des Großen Kurfürsten, Friedrich I. (1657–1713), lässt sich zum König in Preußen krönen.

1734 Beginn des Baus der Akzisemauer als Zollgrenze um die Stadt

1791 Das Brandenburger Tor, entworfen von dem Architekten Karl Gotthard Langhans und mit der Quadriga Gottfried Schadows geschmückt, wird der Öffentlichkeit übergeben.

1806 Französische Besatzungstruppen unter Napoleon ziehen durch das Brandenburger Tor in die Stadt ein.

1810 Die Friedrich-Wilhelms-Universität nimmt ihren Lehrbetrieb auf.

1821 Am Gendarmenmarkt eröffnet das von Karl Friedrich Schinkel entworfene Schauspielhaus.

1837 August Borsig gründet eine Werkstatt, die in kurzer Zeit zu einer bedeutenden Maschinenfabrik aufsteigt.

1838 Die erste Bahnlinie Preußens verbindet Berlin mit Potsdam.

1848 Revolutionäre Barrikadenkämpfe in Berlin fordern über 200 Menschenleben.

1865 Die Konzession für die erste Pferdestraßenbahn zwischen

Charlottenburg und dem Kupfergraben wird erteilt.

1871 Das Deutsche Kaiserreich mit
Berlin als Reichshauptstadt wird
proklamiert.

1873 Nach Plänen von James Hobrecht wird begonnen, die Stadt
mit einem modernen Kanalisationssystem auszustatten.

1881 Die erste elektrische Straßenbahnlinie führt vom Bahnhof
Lichterfelde Ost zur Kadettenanstalt.

1902 Berlin erhält als fünfte euro-
päische Großstadt nach London,
Budapest, Glasgow und Paris eine
U-Bahn.

1907 In der Tauentzienstraße in
Charlottenburg eröffnet das
KaDeWe (Kaufhaus des Westens).

1918 Ende des Ersten Weltkriegs;
Abdankung Kaiser Wilhelms II.

1919 Spartakusaufstand und Ermordung von Karl Liebknecht und
Rosa Luxemburg

1920 Durch das Gesetz über die
Bildung einer neuen Stadtgemeinde Berlin entsteht aus der Stadt,
sieben Nachbarstädten und 59
Landgemeinden Groß-Berlin.

1924 Die erste Verkehrssignalanlage
Berlins wird auf dem Potsdamer
Platz errichtet.

1930 Marlene Dietrich feiert mit
ihrem Film »Der Blaue Engel«
einen triumphalen Erfolg.

1932 Bei den Reichstagswahlen im
Juli erlangen die antidemokratischen Kräfte, darunter KPD und
NSDAP, die absolute Stimmen-
mehrheit.

1933 Adolf Hitler lässt seine Ernennung zum Reichskanzler mit
einem Fackelzug durch das Brandenburger Tor feiern.

1936 Die Olympischen Sommerspiele
werden von den Nationalsozialisten als Bühne zur Selbstdarstellung
genutzt.

1937 Die Stadt feiert ihr 700-jähriges
Jubiläum.

1938 Pogrom in der Nacht vom 9. auf
den 10. November

1944 Nach dem Attentatsversuch
vom 20. Juli werden in Berlin zahlreiche Widerständler verhaftet und
hingerichtet.

1945 Selbstmord Hitlers im Bunker
unter der Reichskanzlei. Auf der
Konferenz von Potsdam vom
17. Juli bis zum 2. August beraten
die Regierungschefs der drei
Großmächte USA, UdSSR und
Großbritannien über die Zukunft
Deutschlands.

1948 Blockade der drei Westsektoren
und Beginn der Versorgung West-
Berlins über die Luftbrücke

1949 Durch Inkrafttreten des Grundgesetzes der Bundesrepublik und
Gründung der Deutschen Demokratischen Republik befindet sich

Deutschland auf dem Weg zur Zweistaatlichkeit.

1953 Der Aufstand vom 17. Juni kann nur mithilfe sowjetischer Truppen niedergeschlagen werden.

1961 Errichtung der Berliner Mauer am 13. August

1967 Benno Ohnesorg wird bei einer Protestkundgebung gegen den Besuch des Schahs von Persien am 2. Juni von einem West-Berliner Polizisten erschossen.

1987 Die 750-Jahrfeier wird in beiden Stadthälften getrennt begangen.

1989 Rücktritt Erich Honeckers von allen Partei- und Staatsämtern. Am 9. November fällt mit der Öffnung der Grenzübergänge nach West-Berlin die Mauer.

1991 Der Deutsche Bundestag fasst den Beschluss, in die neue Bundeshauptstadt Berlin umzuziehen.

1999 Erste Sitzung des Bundestages im umgebauten Reichstagsgebäude

2005 Einweihung des Denkmals für die ermordeten Juden Europas

2021 Das Humboldt Forum im rekonstruierten Berliner Schloss öffnet seine Pforten.

Literatur

Arnold, Dietmar: Der Potsdamer Platz von unten. Eine Zeitreise durch dunkle Welten. Berlin 2001.

Bade, Wilfrid: Die SA erobert Berlin. Ein Tatsachenbericht. München 1933.

Brenke, Karl: Berliner Wirtschaft: nach langem Schrumpfen auf einem Wachstumspfad, DIW Wochenbericht, Berlin 2010, Vol. 77, Iss. 32, S. 210.

Cullen, Michael S.: Der Reichstag. Symbol deutscher Geschichte. Berlin 2014.

Deutscher Bundestag (Hrsg.): Der Deutsche Bundestag im Reichstagsgebäude. Berlin 2007 (laufend aktualisierte Auflagen, im Rahmen der Öffentlichkeitsarbeit des Bundestages erhältlich).

Dietrich, Richard (Hrsg.): Berlin. Zehn Kapitel seiner Geschichte. Berlin 1981.

Döblin, Alfred: Berlin Alexanderplatz. Die Geschichte vom Franz Biberkopf. München 1965 (Erstausgabe 1929)

Flemming, Thomas: Kein Tag der deutschen Einheit. 17. Juni 1953. Berlin 2003.

Ders.: Die Berliner Mauer. Geschichte eines politischen Bauwerks.
Berlin 2019.

Fromm, Eberhard / Mende, Hans-
Jürgen (Hrsg.): 800 Jahre Berlin-
Geschichte Tag für Tag. Berlin
1996.

Görtemaker, Manfred: Weimar in
Berlin. Porträt einer Epoche.
Berlin 2002.

Kessel, Martin: Herrn Brechers
Fiasko. Frankfurt/M. 2001 (Erstausgabe 1932).

Ladwig-Winters, Simone: Wertheim.
Geschichte eines Warenhauses.
Berlin 1997.

Large, David Clay: Berlin. Biographie
einer Stadt. München 2002.

Leonhard, Wolfgang: Die Revolution
entlässt ihre Kinder. Köln 1955.

Lieb, Peter: Die Schlacht um Berlin
und das Ende des Dritten Reichs
1945. Stuttgart 2020.

Lummel, Peter (Hrsg.): Kaffee. Vom
Schmuggelgut zum Lifestyle-Klas-
siker. Drei Jahrhunderte Berliner
Kaffeekultur. Berlin 2002.

Presse- und Informationsamt des
Landes Berlin (Hrsg.): Berlin
Handbuch. Das Lexikon der Bun-
deshauptstadt. Berlin 1992.

Meyer-Kronthaler, Jürgen / Kurpju-
weit, Klaus: Berliner U-Bahn. In
Fahrt seit hundert Jahren. Berlin
2001.

Ribbe, Wolfgang / Schmädeke,
Jürgen: Kleine Berlin-Geschichte.
Berlin 1988.

Ribbe, Wolfgang (Hrsg.): Geschichte
Berlins. Bd. 1: Von der Frühgeschichte bis zur Industrialisierung.
München 1987 (Neuausgabe Berlin
2002).

Ders.: Geschichte Berlins. Bd. 2: Von
der Märzrevolution bis zur Gegen-
wart. München 1987 (Neuausgabe
Berlin 2002).

Schoeps, Julius H. (Hrsg.): Berlin.
Geschichte einer Stadt. Berlin
2001.

Ders.: Preußen. Geschichte eines
Mythos. Berlin 2000.

Strohmeyer, Klaus (Hrsg.): Berlin in
Bewegung. Literarischer Spaziergang 1. Die Berliner. Hamburg
1987.

Ders.: Berlin in Bewegung. Literarischer Spaziergang 2. Die Stadt.
Hamburg 1987.

Vogel, Werner: Führer durch die
Geschichte Berlins. Berlin 1993.

Winteroll, Michael: Die Geschichte
Berlins. Ein Stadtführer durch die
Jahrhunderte. Berlin 2002.

Zur Mühlen, Bengt von / Bauer,
Frank / Pfundt, Karen / Le Tissier,
Tony: Der Todeskampf der
Reichshauptstadt. Berlin / Klein-
machnow 1994.

Zum Weiterlesen:

Stöver, Bernd: Geschichte Berlins.
München 2010 (Neuausgabe 2021).

Bisky, Jens: Berlin. Biographie einer
großen Stadt. Berlin 2019.

Bildnachweis

DER AUTOR

Christian Adam, 1966 in Lörrach geboren, studierte nach einer Ausbildung zum Fotografen Germanistik und Publizistik in Berlin. Ab 1998 arbeitete er in verschiedenen Verlagen als Lektor und Programmleiter. Seit 2015 leitet er den Fachbereich Publikationen im Zentrum für Militärgeschichte und Sozialwissenschaften der Bundeswehr in Potsdam.